农村调查研究方法论

廖洪乐　著

中国农业大学出版社
·北京·

内容简介

作者长期在农业部农村经济研究中心从事农村调查研究与咨询工作，该书在系统总结20年农村调查研究的经验、教训和体会后写作而成。作者认为农村调查研究既是一门科学，也是一门艺术；从事农村调查研究既要掌握基本方法与技巧，也要能随机应变，更要有耐心。

本书系统介绍了农村调查研究项目选题与申请、文献综述与调查问卷设计、试调查与调查员培训、农村实地调查、数据文字资料搜集与整理、调查研究报告写作与成果输出等六个环节常用的方法与技巧、注意事项及相关建议，这些方法、技巧、注意事项和建议均源于作者多年科研实战案例。本书可作为高等院校、科研咨询机构对“三农”问题感兴趣的教师、科研咨询人员、研究生、本科生以及涉农政府机关工作人员参考用书。

图书在版编目(CIP)数据

农村调查研究方法论/廖洪乐著．—北京：中国农业大学出版社，2018.6
ISBN 978-7-5655-2036-5

Ⅰ.①农…　Ⅱ.①廖…　Ⅲ.①农村调查-研究方法-中国　Ⅳ.①F32

中国版本图书馆CIP数据核字(2018)第107187号

书　　名　农村调查研究方法论
作　　者　廖洪乐　著

策划编辑　赵　中　　**责任编辑**　韩元凤
封面设计　郑　川
出版发行　中国农业大学出版社
社　　址　北京市海淀区圆明园西路2号　　**邮政编码**　100193
电　　话　发行部 010-62818525，8625　　读者服务部 010-62732336
　　　　　编辑部 010-62732617，2618　　出　版　部 010-62733440
网　　址　http://www.caupress.cn　　**E-mail** cbsszs@cau.edu.cn
经　　销　新华书店
印　　刷　涿州市星河印刷有限公司
版　　次　2018年8月第1版　　2018年8月第1次印刷
规　　格　787×1 092　16开本　12.5印张　230千字
定　　价　40.00元

前　　言

屈指数来，我在农业部农村经济研究中心从事“三农”问题调查研究已有20多年(1995—)[①]。期间，有成功的经验与喜悦，也有失败的教训与不爽。近些年，有机会接触更多对“三农”问题感兴趣的朋友，有政府官员、企业家、高等院校教师、科研院所研究人员和在读研究生、本科生。他们中有不少人特别想了解和研究“三农”问题，却时常被诸多实际问题所困扰。比如，有些人为申请研究项目苦恼，不知道如何选题，不知道如何更好地写作项目申请书；有些人成功申请到研究项目，却为项目后续执行发愁，有的甚至抱怨：忙了老半天，调查取得的数据资料用处不大，甚至根本用不上，难以实现项目申请书设定目标；有些人不知如何才能调查和了解到真实信息和事实真相；有些人面对调查取得的数据资料不知怎么下手，不知如何充分利用和挖掘手头已有的数据资料信息；有些人为在学术水平较高的期刊发表论文发愁；有些人在与他人交流讨论问题时发怵，不敢或不愿坚持自己的研究观点……凡此种种，究其原因，农村调查研究方法欠缺和经验不足是根本。为此，我觉得有必要花点时间和精力，将自己20多年农村调查研究所采用过的方法、技巧和积累的经验写出来，与大家分享。这些方法、技巧和经验，有些我做到了，属于成功后的总结；有些我也做得不够好甚至完全没做到，属于失败后的反思。

自1995年至今，我主持或作为主要成员参加了25项研究项目，其中多数是诸如美国福特基金、国家自然科学基金、国家社会科学基金、中国经济改革研究基金、农业部软科学、中华农科教基金等基金资助项目，也有部分政府部门委托项目。有很多研究项目，我都是全流程参加，即参加了选题、撰写项目申请书、文献综述、调查问卷设计、试调查、正式调查、数据资料收集与处理、研究报告写作、研究成果输出等所有环节。

由于过去未曾想过要写作有关农村调查研究方法的书，对许多重要的农村调查研究活动没有做详尽记录，现在只能凭记忆去还原事实。对那些还能清晰回忆起来或者借助手头保留的档案资料能还原真相的农村调查研究事实和活动，不管

---

① 先后在农业部农村改革试验区办公室调研处、农村固定观察点办公室管理处和农研中心社会发展研究室、经济体制研究室等部门工作过。

其成败，我尽量将它们编成案例或故事呈现给读者；对那些曾经很精彩但一些至关重要的细节已无法真实还原的农村调查研究活动，本着宁缺毋滥和尊重事实的原则，不列入本书。重要细节无法真实还原，有三个原因：一是不重视科研活动记录工作。当时以为只要设计好调查问卷、搞好实地调查、写好研究报告即可，研究和写作过程中的重要细节或有趣故事只是辅料，可有可无。二是不重视科研档案保护。除非常重要的调查数据外，大量科研资料或记录事后被作为垃圾扔掉。三是有些档案不能留存。比如，参加政府部门研究报告写作或者配合政府部门进行农村调查研究，很多报告或资料都由政府部门保留，我们一般不保存。

在我看来，农村调查研究既是一门科学，也是一门艺术，不是人人都能干的。它要求调查人员既要了解和熟悉农村情况，也要掌握基本调研方法、具备基本调研技巧和经验，还要能随机应变，更要有耐心。本书不是专门介绍诸如调查抽样、计量分析等调查研究方法的专业书籍，只是介绍我个人在农村调查研究方面的经验、心得与体会，其中定有不妥之处，请读者明鉴。当然，若这些经验、心得和体会能为形成一套科学、合理、有效的农村调查研究方法添砖加瓦，那就完美了。

廖洪乐

2018年4月

于北京砖塔胡同56号

目　　录

第一章　20年农村调查研究回顾与体会

一、20年农村调查研究回顾

在农业部农村经济研究中心工作的20年里，我接触、了解和研究“三农”问题主要有三个途径：一是履行所在部门行政职能时接触和了解“三农”问题，二是依托研究项目以课题主持人或课题组主要成员身份从事“三农”问题调研，三是配合中央政府有关部门从事“三农”问题调研。

（一）履行所在部门行政职能时接触和了解“三农”问题

1. 在原农村改革试验区办公室工作期间接触和了解“三农”问题

1995年从中国农业大学经济管理学院硕士研究生毕业后，我在北京西黄城根南街九号院的农业部农村改革试验区办公室（简称试验办，下同）[①]工作3年，该办公室主要负责组织和协调国务院批准的农村改革试验区（全国农村改革试验区名单及其承担的改革试验主题见附录1）的改革试验工作，其前身是原中共中央农村政策研究室、国务院农村发展研究中心农村改革试验区[②]办公室，是根据中共中央[1987]5号文件精神建立的；1990年经国家机构编制委员会同意，在农业部农村经济研究中心[③]加挂农业部农村改革试验区办公室牌子。试验办日常工作主要包括八个方面。

（1）协助中央政府有关部门和地方政府商定农村改革试验主题、提出改革试验方案。

---

① 当时农业部农村改革试验区办公室下设综合处、调研处、监测处和培训处。

② 全国农村改革试验区是根据中共中央[1987]5号文件精神建立的。1987年1月22日，中共中央政治局会议通过《把农村改革引向深入》的决议，提出有计划地建立农村改革试验区。

③ 1990年7月10日，根据国家机构编制委员会[1990]第三期会议纪要，经国务院批准成立“农业部农村经济研究中心”。

(2)与地方政府及其试验办共同调查研究,拟定改革试验实施方案。

(3)组织评估改革试验实施方案,并对其进行修改、完善。

(4)培训农村改革试验区系统干部。

(5)开展农村改革试验调查研究与监测。

(6)组织评估农村改革试验成果。

(7)协助地方政府和部门上报农村改革试验成果。

(8)总结农村改革试验取得的经验及教训,供党中央、国务院和有关部门决策参考。

非常幸运的是,我赶上了农村改革试验和试验办的黄金期[①]。那时的试验办工作异常忙碌,加班成为常态。对于我这种年轻研究人员来说,试验办工作虽然很忙但还是很有吸引力的,主要体现在两个方面:一是每年都有很多机会到各试验区调查。有时候是帮助有关部门或地方政府制定改革方案或实施方案,有时候是了解已有改革试验项目进展,有时候是评估改革试验成果等。二是每年都有机会参加改革试验区系统举办的各类工作会、培训会、改革试验方案论证会和改革试验成果研讨会等会议,在会上能听到很多大领导和著名专家、教授的精彩发言。三年时间里,我参加并且留下深刻印象的几次会议包括石家庄郊区"城郊经济综合改革试验方案"论证会(1995 年 8 月,河北石家庄)、全国农村改革试验区"农村基本经营制度建设"研讨论证会(1995 年 9 月,陕西礼泉)、河南新乡"粮食购销体制改革试验成果评估"论证会(1995 年 12 月,北京)、湖南怀化"山地综合开发与制度建设"研讨会(1996 年 4 月,湖南怀化)、石家庄郊区产权制度与城市化建设等三项改革方案论证会(1996 年 6 月,北京)、全国农村改革试验区第九次工作会议(1996 年 9 月,北京)、第 11 期全国农村改革试验区干部培训会(1997 年 3 月,海南海口)等。通常,这些会议既会邀请原中共中央农村政策研究室、中共中央政策研究室、国务院研究室、国务院发展研究中心、农业部及相关中央部委局以及地方政府的主要领导出席并讲话[②],也会邀请中国社会科学院、北京大学、中国人民大学、中国农业大学等科研院所和大学的著名教授、专家

---

① 大体上,农村改革试验工作与试验办的发展经历了三个阶段:第一个阶段为 1987—1989 年初始创办阶段,主要是建体系、铺项目;第二个阶段为 1989—1991 年巩固调整阶段,主要是反思与适度调整试验项目;第三个阶段为 1992—1997 年,试验区队伍不断扩大,改革试验项目整体推进,改革试验工作步伐加快;1998 年后相当长一段时间内农村改革试验工作处于低谷和停滞状态。

② 诸如杜润生、刘堪、王郁昭、吴象、郑重、肖万钧、段应碧、杨雍哲、万宝瑞、陈锡文、李炳坤、唐仁健、王西玉等部委领导经常参加试验区会议并做重要讲话。

以及相关部委局所属研究机构专家授课[①]。会上，领导和专家学者们共同对当时农村改革前沿问题发表观点和看法，经常擦出思想火花。那时的我，还处于看热闹阶段，只知道讨论或者争论相当热烈和精彩，发人深省，各有各的道理，却不知道他们面对不同观点的对手，哪来那么足的底气。

现在回过头来看，当时能在试验办工作3年是我的运气，那段经历对我后来的研究工作和人生产生了巨大影响，有很大帮助，主要体现在三个方面：一是当时的试验办有一个开拓进取的领导集体，为年轻人树立了一个好标杆，这不是恭维的客套话。杜鹰、温铁军、马力、关锐捷是当时试验办的中坚力量和领导团队，杜鹰主任负责全面工作，是这个团队的领头羊；温铁军主要负责试验区系统的调查研究和监测工作，马力主要负责试验区系统干部培训和各类会议组织协调工作，关锐捷主要负责农业产业化和国有农场改革专项工作。他们身上那种不畏艰难、忘我工作、改革舍我其谁的精神和勇气，深深地感染了我。记得在全国农村改革试验区成立10周年时，《人民日报》记者江夏撰写过一篇关于农村改革试验的采访实录，她借用古语"筚路蓝缕，以启山林"来形容农村改革试验工作的不易。二是在试验办接触的都是当时农村改革的前沿问题和决策层关注的热点问题，这为我后来研究"三农"问题打下很好基础。比如，土地制度改革试验、农业税费改革试验、粮食购销体制改革试验、股份合作制改革试验、农村基层社区性与专业性合作组织培育试验、乡镇企业与小城镇综合体制改革试验、国有农场体制改革试验、农业产业化改革试验等，这些改革试验取得的成果，多数已获得中央决策认可，转化为中央政策。最近两三年，理论界、学术界和决策界非常关注的农地"三权分置"和农地承包经营权抵押问题，当时的试验区系统都试验过。20世纪90年代广东南海试验区就探索过"三权分置"，即先实行农地所有权与承包权分离，再实行承包权与实际使用权分离，只不过当时不叫"三权分置"而已，改革试验效果不错。贵州湄潭试验区在20世纪80年代中后期曾试办过土地金融公司，试行农地使用权抵押，但试验效果不理想。三是农村改革试验区系统是一个研究制度创新与转型的最佳平台。通过局部地区超前试验，人们可以诊断和甄别试验引发的问题，评估试验产生的积极与消极影响，使改革在风险可控范围内产生更好效果。遗憾的是，由于人为因素，1998年试验办不得不进行机构调整，只保留原综合处，其他处室研究人员分别被安排到农研中心新成立的社会发展室和产业室，我当时被安排在社会发展室。

---

① 诸如陈吉元、张晓山、林毅夫、周其仁、韩俊、郭书田、刘守英、周诚、柯炳生、赵冬缓、黄小虎等。

2. 在农村固定观察点办公室工作期间接触和了解“三农”问题

2000—2001 年，我被组织安排到农村固定观察点办公室[①]工作。农村固定观察点办公室（简称观察点，下同）主管全国农村固定观察点调查系统，该系统是 1984 年经中共中央书记处批准设立的。与农村改革试验区系统不同，农村固定观察点调查系统在全国 31 个省、自治区、直辖市（不含港澳台）都有调查点，该调查系统以行政村和农户为主要调查对象，全国有 300 多个样本行政村和 2 万多户样本农户。农村固定观察点办公室日常工作包括五个方面：

（1）常规调查。每年底按统一口径全面收集、汇总样本村、户数据。

（2）专题调查。主要根据上级领导指示及有关部门安排，针对农业生产、农村发展和农户生产生活中的热点问题开展专项调查。

（3）动态反映。协助省、县两级调查机构及时反映当地农村出现的新情况和新问题。

（4）调查人员培训。对省、县两级调查员进行专业知识和农村政策培训。

（5）调查数据开发利用。对常规调查数据和专题调查数据进行校正、分析和开发利用。

在试验办工作期间，就常被观察点请去帮忙分析数据和写研究报告。在离开观察点后，偶尔还会被请去帮忙。

总之，试验办和观察点的工作经历，既开阔了我的眼界，也为我的农村调查研究工作提供了诸多帮助和便利。在试验办工作，与政府机构接触较多，遇到的多是农村改革前沿问题；在观察点工作，与农村村、户两大微观组织接触较多，遇到的多是农村发展问题。由于对这两个系统比较熟悉和了解，由我组织的农村实地调查大多是依靠这两个系统完成的。

（二）依托研究项目从事“三农”问题调研

自 1995 年至今，我主持或作为主要成员参加了 25 项课题研究项目，其中多数是各类基金资助项目，也有部分政府部门委托项目。25 个研究项目中，有 12 个研究项目对我影响较大，体会也较深，下文将一一予以介绍。在这 12 个研究项目中，前两个研究项目是我研究生毕业入职后第一次真正意义上接触农村调查研究；后

---

① 当时农村固定观察点办公室下设管理处和信息室两个处级组室。我在管理处工作，曹力群任处长，我任副处长。

10个研究项目难度较大，我个人参与程度高、贡献也较大。

1. 中国农村基本经营制度研究（1995—1997年）

该项研究为系列研究，由温铁军、杜鹰主持。1995年由农业部软科学资助研究农业基本经营制度，1997年由国家社会科学基金和中国经济改革研究基金资助研究农村基本经营制度。在该系列研究中，我主要完成了如下工作：一是部分数据分析与处理。比如，分析处理1989—1992年试验区在黑龙江尚志、陕西礼泉和河北玉田调查的合作经济组织建设抽样调查数据。二是参加部分个案调研。比如，到陕西礼泉县进行镇、村两级合作组织调研，并提交案例分析报告；到江西余干县调查农民负担问题并提交调研报告，调查该县永兴村农村经济发展问题并提交调查报告等。三是撰写中国经济改革研究基金会课题《土地制度的变革与创新》分报告等。该项研究曾获得1999年农业部部级科技进步一等奖，我本人为第五完成人。后来，课题主持人温铁军根据调研成果出版了专著：《中国农村基本经营制度研究——"三农"问题的世纪反思》。

2. 深化农村土地制度建设试验研究（1996—1997年）

该项研究由试验办组织实施，农研中心设立内部课题予以研究经费支持（主持人：杜鹰）。该项研究的目的是要在总结试验区前期土地制度建设试验基础上，通过调查研究和征询有关部门意见，提出下一步深化土地制度改革试验的主题与主要内容。根据当时的设想，下一步深化土地制度改革的基本思路是：明确集体土地所有权、稳定农户土地承包权、搞活土地使用权和加强土地管理权。下一步深化土地制度改革主要包括10项试点内容，即明确界定农村土地集体所有权主体及其权属，颁发统一的集体土地产权证；明确农户承包使用权的具体内容，实行"增人不增地、减人不减地"政策；延长土地承包期，完善承包合同，发放统一的土地使用权证；制定农用地流转规则；尝试建立土地金融制度；改进农地保护制度和农地征占制度；完善非耕地使用权拍卖、管理制度；建立健全处理土地纠纷制度；建立土地登记制度；加强土地管理机构职能以及发育相关中介服务组织。鉴于试点内容复杂、敏感，国内没有现成模式和做法可供借鉴，试验办聘请了美国华盛顿大学农村发展研究所所长罗伊·普罗斯特曼教授等人作为技术顾问，协助进行前期调研。

经与各方协商，这项试验研究前期调研由陕西延安和福建宁德试验区承担，在两个地区各选择1个试验县和1个对比县（陕西延安市富县为试验县、宜川县为对比县；福建宁德地区宁德市为试验县、福安市为对比县），每个县选择3个乡镇，每个乡镇选择3个村，每个村选择30户农户。调查对象包括2个地区、4个县、12个乡镇的36个行政村和1 080户农户。之所以要区分试验县和对比县，主要是想将进行过改革试验与未进行过改革试验的样本进行对比分析，以便精准甄别改革试验效果。

这项调查是在外方专家指导下，完全遵照科学的调查研究流程，由部试验办、延安与宁德两地试验办以及外方专家共同完成的。由于正式调查结果与课题组最初设想有较大差异，还专门组织了一次补充调查。补充调查只在试验县进行，对比县没有做补充调查。该项调查研究的流程包括：调查问卷设计与修改（含调查研究指标释义）、小范围试调查、调查员培训、正式入户调查、数据录入与校对、调查数据分析报告写作、补充调查等，我参与了所有环节的工作，这是我第一次全流程参加农村调查研究。除数据分析报告和补充调查数据分析报告由我本人独立完成外，其他环节都是以听课题组成员和专家意见为主，自己基本没有独立主见和想法，也没提出过建设性的意见与建议。事实证明，这项调查研究取得了成功，其调查研究成果为形成下一步深化土地制度改革试验方案及主要内容提供了重要依据。原计划将包括深化农村土地制度改革试验方案在内的若干新一轮改革试验系列方案报送上级主管部门和中央批准，待全国农村改革试验区十次工作会议结束后在陕西延安和福建宁德开展深化土地制度改革试验。后来，由于种种原因，十次工作会议未能如期召开，农村改革试验工作陷于停滞，在陕西延安和福建宁德开展深化农村土地制度改革试验的计划也未能启动。我们失去了一次很好的观察、对比研究制度创新与转型的机会。

3. 进一步改革和完善农村土地制度（1998—2002年）

该研究项目由杜鹰主持，福特基金会资助。作为课题主持人助手，除负责日常组织管理工作外，我与主持人一起全程参加了研究项目所有流程工作，主要包括：

（1）负责课题立项申请书初稿写作，并多次和课题主持人一起与资助方面对面沟通，修改、完善项目申请书，商讨研究项目相关问题。

（2）负责研究文献综述，形成两份研究文献综述报告。

（3）负责拟定村、组、农户调查问卷初稿和县级政府部门、农户访谈提纲初稿。本项研究共设计了行政村、村民小组、农户等3份调查问卷和县级政府部门、农户等2份访谈提纲。

（4）全程参加调查问卷和访谈提纲修改、完善工作。印象中，课题组至少组织召开过5次调查问卷和访谈提纲修改会议。

（5）带队开展试调查。先后到河北和湖南两省对村、户调查问卷和访谈提纲进行试调查,回京后向课题组建议增加村民小组调查问卷[①],该建议得到采纳。

(6)带队赴湖南省开展正式调查。在湖南宁乡、祁阳两县调查6个乡、6个行政村、18个村民小组和144户样本农户。

(7)组织数据录入。数据录入工作由中国农业大学部分学生完成,我负责指导、协调和疑难解答。

(8)负责数据校对。数据录入完成后,在北京大学中国经济研究中心赵耀辉教授的协助与指导下,对农户数据进行校对。

(9)负责部分专题研究报告和农户访谈案例写作。

(10)负责书稿统稿。

该项目原本计划在总结农村改革试验区系统土地制度改革经验与教训基础上,提出我国农村土地制度总体改革框架,为制定下一步土地制度改革试验实施方案服务。研究内容包括:明晰土地所有权主体及所有权与使用权的具体内容;完善和稳定土地承包关系;建立和完善非耕地制度;建立土地市场,规范土地流转,促进规模经营;完善农地转为非农用地制度,改革征地办法;加强耕地保护,完善农地保护制度;建立土地登记制度,加强土地管理;在土地增值收益分配中,处理好国家、集体和农民的利益关系等8个方面。研究方法以"参与式"方法为主,辅之以"抽样调查法"和"典型调查法"。这里的"参与式"方法,意即让农民参与试验全过程,从试验目标确定、问题发现、问卷调查到试验方案选定与执行,都以社区范围内的农民为中心,让农民自己解决自己的问题,并从中受益。调研地点初步定为陕西延安、福建宁德、湖南怀化和安徽阜阳四个地区。

细心的读者可能已经发现,前一个(即第二个)研究项目与本研究项目有很多相似之处,是否属重复立项。应当说,这两个项目目标和任务各有侧重,不属于重复立项。"深化农村土地制度建设试验研究"的主要目标和任务是提出下一步改革试验主题,其内容宜粗不宜细,它与试验办第一项工作职能相吻合。本项研究的主要目标和任务是制定土地制度改革试验实施方案,其内容应当更加具体,它与试验办第二项工作职能相吻合。简言之,前者是为制定土地制度改革试验方案服务,后者是为制定土地制度改革试验实施方案服务。

后来,经与资助方沟通,课题组对研究内容做了重大改动,由原来关注农村土地制度整体改革变为重点关注农地承包(含流转)制度。做出这一重大改动,事出有因。一是课题主持人杜鹰后来调任农业部政策法规司司长,农业部政策法规司主要负责农业政策法规制定、修改与完善工作;二是1998年10月召开的十五届三

① 试调查前,课题组只设计了行政村和农户调查问卷,没有设计村民小组调查问卷。

中全会提出了“抓紧制定确保农村土地承包关系长期稳定的法律法规，赋予农民长期而有保障的土地使用权”的工作任务，研究项目需要为完成这一目标服务；三是当时农村改革试验区办公室提出的包括土地制度改革方案在内的新一轮诸多农村改革试验方案暂时搁置。由于研究内容有重大改动，调查地点也由原定的农村改革试验区（陕西延安、福建宁德、湖南怀化和安徽阜阳）变为非试验区，调查省份由4个增加为6个。

该研究项目实地调查时间为1999年，调查对象包括河北、陕西、安徽、湖南、四川、浙江等6省的12个县市①、36个乡镇、36个行政村、90个村民小组（河北样本村无村民小组）和824户农户；县级农经部门访谈采用开座谈会形式进行，行政村、村民小组和农户调查全部由课题组成员和经过培训的调查人员入户调查，并对48户农户做了专门访谈。课题前后历时4年，共获得近70万个调查数据。该项目取得如下三类研究成果。一是公开发表学术研究论文。比如，由我本人撰写的论文《农村承包地调整》和《农户的调地意愿及影响因素分析》分别发表于《中国农村观察》2003年第1期和《农业经济问题》2002年第9期，由张照新撰写的论文《中国农村土地流转市场发展及其方式》发表于《中国农村经济》2002年第2期。二是所有专题研究报告、省县调查报告和村组及农户案例访谈结集出书（书名《中国农村土地承包制度研究》），全书共44万字，该书荣获2006年第二届中国农村发展研究专著奖。三是我本人根据该研究成果得出的结论，代农业部农村经济研究中心向全国人大法工委提交了《农村土地承包法》修改意见建议函，其核心观点是短期内不宜完全禁止承包地调整，这个观点在后来公布施行的《中华人民共和国农村土地承包法》中得到了充分体现。

该项研究取得的成果，应归功于集体的共同努力。美国华盛顿大学农村发展所普罗斯特曼教授及李平先生、香港科技大学龚启圣教授、农业部农村经济研究中心温铁军研究员和白南生研究员、国务院发展研究中心农村部赵阳博士等6人多次参加该研究项目调查问卷和访谈提纲修改工作；北京大学中国经济研究中心赵耀辉教授、姚洋教授、硕士研究生吴斌珍、王洪等4人多次参加调查问卷修改，并参与数据校对、负责部分研究报告写作和对其他研究报告提出修改建议等；农业部农村经济研究中心的朱守银、关喆、方炎、张照新、刁银生、武文、韩一军等参加了问卷修改、实地调查、部分研究报告和访谈案例写作工作；其他参加实地调查的人员包

① 12个样本县（市）分别为：河北省景县、迁安市，陕西省大荔县、宝鸡县，安徽省肥西县、濉溪县，湖南省宁乡县、祁阳县，四川省双流县、仁寿县，浙江省绍兴县、瑞安市。

括中国人民大学、中国农业大学和北京大学的15名研究生[①]。需要特别指出的是，在调查问卷和访谈提纲完成第一轮修改后，主持人杜鹰调任农业部政策法规司司长，此后多轮问卷修改和研究报告修改会议仍然由他主持召开，重大问题由他决定，我负责执行。

应当说，该项研究对我的影响和帮助非常大，学到了很多从书本上学不到的东西，主要体现在4个方面：一是第一次全流程作为核心骨干参加科研项目，对大型科研项目组织实施流程有了充分了解；二是与学术前辈们一起讨论，丰富了分析和解决问题的方式、方法；三是学会了如何进行数据校对和分析；四是项目实施过程中诸如组织研讨会、联系调查点和财务报销等工作，也锻炼了我的统筹、协调能力。经过5年磨炼，我完全具备了主持大型调查研究项目的能力。衷心感谢课题主持人杜鹰主任完全信任我，将该项课题所有事项全部委托于我。

4. 中国乡村财政与公共管理研究(2000—2004年)

该项研究为系列研究，由宋洪远主持的三项研究课题合并而成，三项课题分别为：农业部软科学资助的《乡村两级组织体系与农民税费负担关系研究》、国家社科基金资助的《乡村债务问题与公共支出管理研究》、福特基金会资助的《中国乡村组织建设与财务管理问题研究》。作为课题组主要成员，我参加了如下工作：

(1)负责文献综述。

(2)与课题主持人共同拟定村级调查问卷和访谈提纲初稿。

(3)与所有课题组成员一起赴河北临章县进行试调查，回京后修改和完善调查问卷与访谈提纲。

(4)带队赴江苏苏州市相城区进行实地调查。

(5)与课题主持人共同制订补充调查提纲。

(6)负责1篇专题研究报告、1篇调查报告和4个案例访谈报告写作。

该项目调查范围包括河北、黑龙江和江苏的3个乡镇、3个行政村，调查对象包括乡镇相关职能部门和村委会、村民小组等；该项目研究成果结集出书，书名为《中国乡村财政与公共管理研究》，共计33万字。课题组其他成员均为农研中心研究人员[②]。

---

① 中国人民大学研究生周国伟、武锋、戴涛、高发、黄长杰、钟洪明、刘道臣、韩纪江、李明，中国农业大学研究生周勇、么振辉、封红兵、杨富裕、陈国康，北京大学研究生袁嘉。

② 主要包括刘光明、张照新、曹力群、马永良、谢子平、张海阳、赵长保、朱守银、习银生、庞丽华、武志刚、武文、魏旭、闫辉等。

5. 主产区粮食综合生产能力问题研究(2004—2005 年)

该研究项目由段应碧和宋洪远共同主持[①],农业部软科学委托资助。作为课题组主要成员,我全程参加该项研究所有环节的工作。

(1)负责项目申请书初稿写作,并与两位课题主持人一起修改完善项目申请书。

(2)负责研究文献资料综述和政策文件资料整理。

(3)负责拟定农户调查问卷初稿和县级部门访谈提纲初稿[②]。

(4)参加农户调查问卷和县级部门访谈提纲的修改与完善工作。

(5)带队开展试调查。试调查发现,农户调查问卷有关农作物生产用工量和化肥施用量数据采集方法有明显缺陷,回京后与其他课题组成员一起修改完善调查问卷和访谈提纲。

(6)带队赴湖北和江西两省实地调查。

(7)负责湖北、江西两省调查数据校对与分析。

(8)负责部分专题报告和总报告写作工作。

(9)与课题主持人共同负责书稿统稿工作。

该项目调查地点为黑龙江、吉林、河北、河南、湖北、江西等 6 省 6 个粮食主产县市[③],调查对象为县市农口综合部门、农业局、水利局、农机局、国土局、粮食局、供销社、财政局和农村信用社等部门与机构,并走访了 18 个村,调查了 300 多户农户。县级部门调查采用召开座谈会形式进行,村级调查和农户调查全部由课题组成员入户完成。该项目取得的研究成果,可分为三类。一是公开发表论文,比如由我本人撰写的《中国南方稻作区农户水稻生产函数估计》发表于《中国农村经济》2005 年第 6 期。二是所有研究报告与调查报告结集出书(书名《主产区粮食综合生产能力建设问题调研报告》),全书约 15 万字。三是根据研究成果撰写的有关加强粮食综合生产能力的上报材料获得时任总理温家宝同志批示。

当然,该项研究也存在些许遗憾,表现为两个方面。一是课题组未统一组织数据录入和校对,由各调研小组自行录入和校对数据,给后期数据处理带来困难和麻烦。二是原本设想在完成项目委托方所有任务基础上再出本有关粮食生产问题研究的学术专著,由于种种原因,该设想未能完全实现,只出了本调研报告。

---

① 课题组主要成员还包括唐仁健、祝卫东、张照新、刘光明、张海阳、龙文军、吴仲斌、闫辉等。

② 祝卫东、张照新提出过一些建议。

③ 6 个县市分别为:黑龙江肇东市、吉林榆树市、河北栾城县、河南太康县、湖北潜江市和江西吉安县。

6. 中国草原改良与牧区发展问题研究(2005—2006年)

该研究项目由宋洪远牵头主持,亚洲开发银行资助。作为咨询专家,我负责政府草原改良项目管理体制与制度专题①。在本项研究中,我主要参加了如下工作。

(1)负责写作项目方案《管理体制与制度》。

(2)负责管理体制与制度专题调查问卷和访谈提纲初稿设计。

(3)与项目组其他专家共同修改和完善《牧户调查问卷》和市县有关部门访谈提纲。

(4)参加试调查。与其他专家一起赴内蒙古自治区克什克腾旗开展试调查,回京后修改调查问卷和访谈提纲。

(5)参加正式调查。先后赴甘肃天祝县、宁夏盐池县和内蒙古自治区陈巴尔虎旗等地进行实地调查。

(6)负责专题研究报告写作。

该项目所有研究成果结集出书(书名《中国草原改良与牧区发展问题研究报告》),全书共计24万字。

7. 现代化进程中的农村土地制度问题研究(2006—2007年)

该研究项目由我本人主持,中国经济改革研究基金会资助。作为主持人,我全程负责各个环节工作。

(1)负责项目申请书写作。

(2)负责研究文献综述和相关法律、法规、政策整理。

(3)负责调查问卷和访谈提纲初稿设计。

(4)负责修改和完善调查问卷与访谈提纲。

(5)与课题组成员一起赴广东、浙江两省实地调查。

(6)负责研究报告写作。

该项目调查对象主要为广东、浙江两市县国土部门和相关村组,原农业部农村改革试验区办公室综合处处长朱守银同志与我共同参加了两市县实地调查。该项目研究成果包括:论文《我国农村集体土地所有制的稳定与完善》发表于《管理世界》2007年第11期;论文《农村集体土地征用中的增值收益分配》发表于《农业经

① 其他咨询专家还包括农业部农村经济研究中心研究人员方炎、徐雪、曹力群、马永良,北京林业大学卢欣石教授,内蒙古自治区草原勘查设计院邢旗研究员,中国农业科学院辛小平研究员和澳大利亚草原政策专家Philip Young等。

济问题》2007 年第 11 期；专著《中国农村土地制度六十年——回顾与展望》一书采纳了该项研究的部分成果。

8. 乡镇职能问题研究（2006—2008 年）

该研究项目由我本人主持，福特基金会资助。作为主持人，我全程负责各个环节工作。

(1)负责项目申请书写作。

(2)负责研究文献综述和相关法律、法规、政策整理。

(3)负责《农户调查问卷》、乡镇职能部门访谈提纲和乡镇干部调查问卷初稿设计。

(4)负责修改和完善调查问卷与访谈提纲。

(5)带队试调查。带队赴江西某乡镇进行为期 3 天的试调查，试调查发现问卷提问方式存在明显问题，农民不知道如何回答。回京后，对调查问卷进行重大修改。

(6)带队到湖北、江苏和陕西等 3 省的 5 个乡镇进行实地调查。

(7)组织数据录入。数据录入工作主要由参加调研的调查人员完成，本人主要负责指导、协调和疑难解答。

(8)负责数据校对。

(9)负责研究报告写作。

课题组实地走访和调查了湖北、江苏和陕西 3 省 5 个乡镇①的 31 个职能部门、101 个机构（单位）②，并现场对 155 名乡镇干部做了问卷调查；由课题组成员带队上门入户调查 305 户农户，其中调查男性 205 名，女性 100 名。参加实地调查人员包括农业部农研中心部分研究人员③和中国农业大学的博士生、硕士生④。江苏省委政研室的刘宏明和吴玉兰两位同志全程陪同参加了句容华阳镇和宿迁蔡集镇调查，从华阳镇转蔡集镇途中及整个蔡集镇调查期间，天下大雪，交通不便，天气异常寒冷，调查组克服重重困难、高质量完成了调查任务。省委政研室两位陪同人员佩

① 5 个乡镇分别为：湖北横沟桥镇、陈贵镇，江苏华阳镇、蔡集镇，陕西烟霞镇。

② 访谈过的乡镇职能部门包括乡镇妇联、团委、武装部、财政、农经、农技推广、林业、水产、蚕桑、畜牧畜医、水利、农机、民营经济服务中心、招商引资中心、经济发展办、农村经济服务办、计划生育、卫生院、民政、国土资源、村镇建设管理、环境保护、派出所、法庭、司法所、社会治安综合治理、劳动服务保障、文化体育、广播电视等。

③ 包括方华、张恒春、习银生、陈艳丽、陈华宁等。

④ 包括张建乔、赵鱼、郭愫吉力、刘哲、徐伟钦、唐德勇等。

服课题组成员的敬业精神，课题组成员衷心感谢省委政研室陪同人员的鼎力支持。面对困难，我们与省里陪同人员相互支持、相互欣赏，这是本次调查留给我的最深印象。该项目研究成果《乡镇政府职能存废及取向评估》发表于《改革》2009 年第 1 期。

该项研究也留有一个重大遗憾，原本设想在全面完成资助方所有任务基础上再将研究报告结集出书，该设想未能实现。实际上，研究报告初稿包括正文 11 章（计 11 万字）和 7 个附录（计 2 万字）都已经完成，并提交福特基金会。应当说，结集出书不会有问题，后来由于时间和精力有限，再加之修改研究报告出书工作量太大，只好搁置。目前，这些研究报告初稿仍沉睡在电脑里。

9.《农村邮政服务发展方向、目标与路径研究》（2009—2010 年）

该研究项目由我本人主持，国家邮政局资助。作为主持人，我全程负责各个环节工作。

(1)负责项目申请书写作。

(2)负责研究文献综述和相关法律、法规、政策整理。

(3)负责调查问卷和访谈提纲初稿设计。

(4)负责调查问卷和访谈提纲修改和完善。

(5)负责湖南和河北两省试调查。

(6)带队到河北、宁夏、山东和广东 4 省（自治区）实地调查。

(7)组织数据录入。数据录入工作主要由其他调查人员完成，我主要负责指导、协调和疑难解答。

(8)负责数据校对。

(9)负责研究报告写作。

该项目调查对象包括河北、山东、宁夏、广东 4 省（自治区）、9 县市（区）、18 个乡镇邮政局所、36 条邮路、28 个乡镇、102 个行政村、41 名邮政投递员和 333 户用邮农户①。除县级邮政部门采用座谈会形式进行调查外，其他全部由调查组成员进行面对面访谈和调研。实地调查主要由我和我的同事方华带领中国农业大学研

① 河北藁城市 2 个邮政局所、4 条邮路、6 个乡镇、12 个行政村，赞皇县 2 个邮政局所、4 条邮路、5 个乡镇、12 个行政村；山东鄄城县 2 个邮政局所、4 条邮路、2 个乡镇、12 个行政村，冠县 2 个邮政局所、4 条邮路、2 个乡镇、12 个行政村；宁夏西吉县 2 个邮政局所、4 条邮路、2 个乡镇、12 个行政村，平罗县 2 个邮政局所、4 条邮路、5 个乡镇、12 个行政村；广东增城县 2 个邮政局所、4 条邮路、2 个乡镇、12 个行政村，三水区 2 个邮政局所、4 条邮路、2 个乡镇、11 个行政村，怀集县 2 个邮政局、4 条邮路、2 个乡镇、7 个行政村。

究生[1]完成。该项目研究成果《农村邮政事业发展的现状、问题与对策》摘要发表于《农民日报》(2011 年 5 月 7 日),研究报告对国家邮政局有关司局起草相关文件起了借鉴参考作用。

10.《农户兼业化对农业生产影响的实证研究》(2009—2011 年)

该研究项目由马永良主持,国家自然科学基金资助。作为主要成员,我主要负责如下工作。

(1)负责"农户兼业与农地流转"研究专题文献综述。

(2)负责黑龙江、吉林、安徽、浙江和四川 5 省农村固定观察农户相关调查数据校对与分析。

(3)负责研究专题报告写作。

研究报告《农户兼业及其对农地承包经营权流转的影响》发表于《管理世界》2012 年第 5 期,并被《农民日报》摘要转发。

11. 农民市民化问题研究(2010—2012 年)

该研究项目由我本人主持,中国经济改革研究基金会资助。作为主持人,我全程负责各个环节工作。

(1)负责项目申请书写作。

(2)负责研究文献综述和相关法律、法规、政策整理。

(3)负责调查问卷和访谈提纲初稿设计。

(4)负责调查问卷和访谈提纲修改和完善。

(5)负责北京、重庆、浙江(温州)等地的实地调查。期间,还与我所在研究组室的其他成员一起赴河南新乡调查,本项研究采用了新乡调查的部分调查资料。

(6)负责各类统计数据查找、录入和校对。

(7)负责研究报告写作。

(8)负责书稿统稿工作。

该项研究成果结集出版,书名《农民市民化与制度变革》,全书共计 29 万字;相关研究成果分期发表于农研中心内部刊物,并有两篇被《中国县域经济报》转载。

---

① 宁泽逵、张春泉、姚林、姚军旗、熊健。

12.近十年来我国农村土地政策执行问题研究(2013—2014年)

该研究项目由我本人主持,国家自然科学基金资助①。作为课题主持人,我全程负责各个环节工作。

(1)负责项目申请书写作。

(2)负责研究文献综述和相关法律、法规、政策整理。

(3)负责调查问卷和访谈提纲初稿设计。

(4)负责调查问卷和访谈提纲修改和完善。

(5)带队前往山东、湖北两省进行实地调查。此外,我本人还利用其他机会前往河南济源市做了相关调查。

(6)负责村、户调查数据校对与分析工作。

该项目的问卷调查由农村固定观察点系统完成,共对全国11个省、98个县的109个行政村和1 100户农村固定观察户进行了调查。该项目研究成果《农村土地确权政策执行评估与建议》摘要发表于《农民日报》(2014年11月5日),另有两篇文章摘要发表于《农村经营管理》(2014年)第9期和第10期。

除前面12项调查研究外,1997年参加的一次中国北方农村调查,也给我留下了深刻印象。当时,农研中心派我和赵长保与美国斯坦福大学的李果、李宏彬博士等一行六人前往辽宁、河北等地进行农村经济社会调查,那次调查持续了15天,李果博士是负责人。我的任务主要是填写村级调查表,村级调查表格有40页,那是我第一次见识篇幅如此之长、结构与内容如此复杂的调查表格。每天清早出发,晚上要很晚才回,回到住宿地后还要讨论当天调查发现的问题,那次调查让我真正体会到农村实地调查的不易和艰苦。当然,李果博士严谨、负责的工作态度也给我留下深刻印象。

(三)配合中央政府有关部门从事"三农"问题调研

当中央和国务院有关部委进行重要"三农"问题调研缺乏人员时,会要求其下属单位配合,我曾多次有机会参加这样的调查研究。比如,参加由农业部和中农办牵头组织的东三省土地二轮延包问题核查,参加国家发改委牵头组织的华侨农场改革调查研究,参加国土资源部牵头组织的土地制度改革研究,参加财政部、农业部牵头组织的农业补贴调查研究,等等。这类调查与研究项目调查有三点不同:一

---

① 该研究项目为国家自然科学基金应急项目分课题,总课题协调人为宋洪远。

是这类调查一般都会有地方领导全程陪同；二是这类调查时间短，到达地方后一般先与政府相关部门座谈，再去点上看看，走访农户样本数量有限；三是调查结束后须短时间内提交调研报告。

在这类调研中，有三次调研让我印象深刻，至今还能记起其中许多细节。

第一次是 1998 年 5 月赴东三省督查二轮土地延包工作。当时，针对中办、国办信访局《群众反映》列举问题，时任国务院主要领导同志批示应逐一核实并处理群众反映的问题。随即，农业部和中央农村工作领导小组办公室组成联合督查组，赴东三省督查二轮土地延包工作。我所在的吉林督查组共 4 人，由农研中心张文宝副主任带队，主要任务是赴长春、四平、松原、通化等 4 个市、7 个县进行核查。到达吉林后，督查组又分为两个小分队，张文宝副主任、省农委钟东同志和我一队，在省农委刘生副主任带领下，赴四平、公主岭市、梨树县、梅河口市等地了解和核查相关问题；另一组赴农安、德惠、扶余县等市县核查。吉林省委、省政府高度重视这次核查，时任省委副书记陈玉杰、副省长杨庆才等领导出面接待了督查组并专门作了批示，要求各有关部门和市县认真配合督查组工作。与一般的调查研究不同，这次调查没有提前告知地方政府我们要去的地方，到了省里后才告知要去的市县，到了市县后才告知要去的乡镇，到了乡镇后才告知要去的村，到了村后才告知要找的农户。这让省、市、县和乡镇陪同领导非常紧张，我们自己也有点紧张和不安。本次核查持续时间 15 天，共核查了吉林省 7 个市县、12 个乡镇、13 个行政村，召开了 26 次座谈会，走访了 100 多户农户。经核查核实，农民反映的问题多数属实，也有少数不属实的。

第二次是赴东北某省调查粮食直补问题。根据调研安排，先与县级政府相关部门座谈，再下到乡村去与乡村干部座谈。两次座谈发现，县乡村三级干部有个共同看法，即粮食直补劳民伤财、资金使用效率低。县乡村干部认为，农民拿到粮食直补后，并没有将钱用在发展农业生产和农田基本建设上，而是用于日常生活开支。用他们的原话讲，就是“农民将粮食直补的钱用于买酒、买肉吃了”，有的甚至用去打牌赌博。若能将粮食直补资金集中统一使用，效果会更好。有个村的村支部书记还跟我们算了一笔账，结论是如果粮食直补由村里统一使用，他们村 5 年就能完全解决排、灌水问题，做到旱涝保收。在村里与乡村干部座谈结束后，我随便访问了村口一个老农，老农听了县乡村干部有关粮食直补的看法后情绪激动，紧紧抓住我的手，并说了如下一段让人深思的话：小伙子啊，你一定要告诉中央，他们（指县乡村干部）说的不对，我们农民非常欢迎粮食直补，粮食直补发到户很好；他们说如果由政府和村里集中使用就能解决农田基本建设问题，那完全是假的、骗人的把戏，他们向农民收了几十年的“三提五统”都没能解决农田基本建设问题，现在上级向农民发钱了，他们还想直接克扣；无论农民将粮食直补的钱用在何处，最终不还是农民自己花了么，他用政府的补贴买酒喝了、买肉吃了，自己挣到的钱省下来了啊，这些省下来的钱照样可以用于农田基本建设；若将粮食直补的钱交由政府和村里统一管理，农民得不到什么好处……

第三次是参加国家发改委牵头组织的华侨农场改革研究。华侨农场是我国特殊时代的特殊产物，华侨农场数量、占地面积和人口总量都不大，但它面临的问题却很复杂。在研讨过程中，有种说法很有代表性，即华侨农场既非城镇，也非农村，更不是一般的国有农场。因此，它享受不到政府对城镇的扶持政策，也享受不到政府对农村的扶持政策。那次调查研究的目的，就是要解决华侨农场长期面临的体制障碍，解决它在体制和政策层面上的“非城、非农”问题。在我印象中，有10多个部委办局派人参加了那次调查研究，比如，财政部、农业部、国务院侨办、教育部、劳动保障部、国土部、交通部、国家税务总局、卫生部、水利部、扶贫办、林业局、人民银行、银监会、保监会等都派出了工作人员参加调研和讨论。在那次调查研究中，有一个情景给我留下深刻印象，至今仍记忆犹新。报告初稿完成后，起草报告负责人要求各部委与会同志回去向主管部门和领导汇报，认真研究报告初稿提出的需要落实的具体事项。在后续报告修改过程中，问题来了，有不少部门都强调本部门落实事项有难处，这个不行，那个不合规。对于那些意见强烈的部门，起草报告的负责人只好拿起电话，直接向该部门更高层次领导汇报或商量相关事项。那次经历，让我深刻认识到推进改革既需要勇气，也需要技巧和智慧。

二、主要研究成果与学术观点

（一）主要研究成果

在过去20年里，著者本人已出版专著3本，计90多万字；先后在《管理世界》、《中国农村经济》、《农业经济问题》和《中国农村观察》分别发表学术论文5篇、4篇、2篇和1篇，共计12篇11万多字；在其他公开出版物发表文章和调研报告30多篇共计22万多字。表1.1列出了著者本人研究成果中的代表性作品。

表 1.1 著者代表性作品

	作品名称	出版或发表时间
专著	农民市民化与制度变革	上海远东出版社，2013 年
	中国农村土地制度六十年——回顾与展望	中国财政经济出版社，2008 年
	中国农村土地承包制度研究（合著，第一著者）	中国财政经济出版社，2003 年
学术论文	农户兼业及其对农地承包经营权流转的影响	《管理世界》2012 年第 5 期
	乡镇政府职能存废及取向评估：自湖北个案观察	《改革》2009 年第 1 期
	我国农村土地集体所有制的稳定与完善	《管理世界》2007 年第 11 期
	农村集体土地征用中的增值收益分配	《农业经济问题》2007 年第 11 期
	中国南方稻作区农户水稻生产函数估计	《中国农村经济》2005 年第 6 期
	农村承包地调整	《中国农村观察》2003 年第 1 期
	农户的调地意愿及影响因素分析	《农业经济问题》2002 年第 9 期
	农村改革试验区的土地制度建设试验	《管理世界》1998 年第 2 期
	粮食价格对农户粮食生产影响的实证分析	《中国农村经济》1995 年第 9 期

（二）主要学术观点

从事农村调查研究 20 年，著者主要学术观点包括以下 7 个方面。

1. 构建了一个农业生产效率微观分析框架，认为家庭承包经营制度的作用在于提高农民劳动积极性

《中国农村土地制度六十年——回顾与展望》一书构建了一个农业生产效率微观分析框架，将农业生产效率分为生产要素效率、技术效率和劳动效率；认为农业生产中存在两个积极性，即生产（者）积极性和劳动（者）积极性，家庭承包经营制度的作用在于提高农民劳动积极性，而非生产积极性；农民生产积极性主要由农业比较收益决定；家庭承包经营制度通过提高农民劳动积极性，提高农业劳动效率，进而提高农业生产效率。因此，只要农业生产需要劳动，家庭承包经营制度就会发挥其提高农民劳动积极性和提高农业劳动效率的作用，这个结论有效驳斥了家庭承包经营制度潜力已尽论、失效论和过时论。借助这个分析框架，

著者还对以下系列问题给出了合理解释：为什么旧中国农业生产效率低下？为什么20世纪50年代初期的土地改革有效提高了农业生产效率？为什么农地集体化经营制度降低了农业生产效率？为什么家庭承包经营制度有效提高了农业生产效率？为什么小规模家庭经营与规模化、专业化农场会长期并存？在该书中，著者还认为家庭承包经营会最终演变为家庭经营；30年承包到期后，可以有多种选择，比如，可以再次延长30年，可以实行70年承包，也可以实行集体所有制下的"永佃制"（即永久不变）。2017年召开的十九大已经明确，耕地承包30年到期后再延长30年。

2. 现行集体土地征收制度严重损害集体和农民利益，需要进行大改

《我国农村集体土地所有制的稳定与完善》一文和《中国农村土地制度六十年——回顾与展望》一书对我国长期执行的集体土地征收制度进行了系统分析，认为现行集体土地征收制度的实质是集体土地低价国有化，它严重损害集体和农民利益，必须进行大改①，需要对现行《土地管理法》做出重大修改。集体土地征收制度改革的根本目标，是要在国家、集体和农民个人之间合理分配土地增值收益。为此，需要合理界定公共利益范围，缩小征地范围，允许农民集体出让、转让、出租土地用于工商业建设。在后续研究中，著者本人进一步提出了土地征收制度的本质是强制而非低价的观点。从事后实际进展看，征地制度改革和修改《土地管理法》阻力重重。不过，最近一年时间里取得了较大进展，国土资源部2017年5月向社会公布的《土地管理法（修正案）》（征求意见稿）对原《土地管理法》主要条款做了重大修改。比如，废止第43条和第63条，允许农民集体建设用地入市；增加一条，详细列举征地范围。这些条款的改变，意味对传统征地制度要进行大改而非小改。

3. 承包地调整受多种因素影响，短期内完全禁止调地做不到，但长期看又可行

《农村承包地调整》和《农户的调地意愿及影响因素分析》两篇文章发现，影响农村土地调整和农户调地意愿的因素很多，且不同因素对土地调整和农户调地意愿的影响方向完全相反。据此，著者认为，一方面，短期内完全禁止调地做不到，并

① 所谓大改，就是要明确界定公共利益范围，缩小征地范围，公益性用地实行由政府征收，经营性用地可由农民集体组织直接供地。与大改相对应，小改就是在继续维持现行集体土地征收制度的同时，提高征地补偿标准。

根据这个结论向全国人大法工委提交了不宜完全禁止承包地调整的立法建议，要允许在发生重大自然灾害和土地征收两种情形时进行土地调整；另一方面，长期看，随着经济社会发展，农民非农就业机会增加和土地流转规模扩大，禁止土地调整又是可行的。做出这个判断是基于两篇文章有如下研究发现：所在村二、三产业发达程度和土地流转程度对样本村民小组土地调整次数呈现显著负影响，即二、三产业越发达、土地流转比例越高，样本村民小组土地调整次数越少；所在村二、三产业发达程度和农户家庭成员非农就业时间对农户选择调地的概率呈现显著负影响，即所在村二、三产业越发达，农户家庭成员非农就业时间越长，农户选择调地的概率就低。从事件后续发展看，短期内不要完全禁止土地调整的观点已被后来施行的《农村土地承包法》所采纳。从各地实际操作看，虽然《农村土地承包法》对土地调整做出了较为严格的限制，但一些地方仍在进行土地调整。至于长期看可以不调地的观点，能否最终被决策采纳，还有待时间检验。

4. 水稻生产的化肥施用量水平已经很高，农业劳动力老龄化已经对其产生显著负影响

《中国南方稻作区农户水稻生产函数估计》一文有如下两点发现。第一，在南方水稻生产中，化肥施用量已经达到相当高水平，有些肥料的施用量甚至对水稻生产产生负影响。因此，在南方水稻生产中，适当减少化肥施用量不会产生负面影响，要高度重视测土配方施肥工作。第二，在南方一些地区，农业劳动力老龄化已经对水稻生产产生显著负影响，解决这个问题的最好办法就是推广农业机械，提高水稻生产机械化程度。现在来看，10 多年前的这两个发现还是很有现实指导意义的。政府推行的化肥零增长或者负增长行动计划，不会对水稻生产产生负面影响。提高机械化程度，用机械替代劳动力，会对水稻生产产生显著的积极影响。

5. 农户兼业现象会长期存在，农业兼业化与专业化并存将成为一种常态，政府不能忽视小农

《农户兼业及其对农地承包经营权流转的影响》一文分析了我国农户兼业的基本特征，将农户兼业分为前期成长、中期平稳发展和后期分化三个阶段，并据此推断：我国农户兼业现象会长期存在，农业兼业化与专业化并存将成为一种常态。该文还发现农户兼业并不必然妨碍农地流转，不同类型农户在农地流转市场上的角色不同，纯农户和Ⅰ兼农户主要转入土地，Ⅱ兼农户和非农户主要转出土地。该文最后提出了五点建议，比如，政府不要忽视小农，要纠正将大量财政资金重点用于

扶持规模农业的做法，政府财政资金应主要用于建设为兼业农户和小规模纯农户服务的农业基础设施建设；农技推广服务体系要坚持公办与民营并举，政府要对现有公益性农业推广服务体系及其管理制度进行根本性改革等。遗憾的是，近些年政府非常关注规模农业而忽视了小农，有人甚至认为小规模农业与现代农业背道而驰。幸运的是，2017 年党的十九大提出要实现小农户和现代农业发展有机衔接，看来小农还是有指望的。

6. 农民市民化，制度是关键

《农民市民化与制度变革》一书对 20 世纪 50 年代城镇人口持续、快速增长现象做了系统分析后发现：1950—1959 年城镇人口持续、快速增长，期间城镇人口净增 6 606 万人（年均递增 8%），其中城镇人口自然增长、市镇行政建制调整和农村人口流入对城镇人口增量贡献率分别为 18.9%、11.9%和 69.2%，农村人口流入对城镇人口增量贡献最大。进一步分析发现，诸如土地制度、户籍制度和农产品统购统销制度等制度变革是导致 20 世纪 50 年代农村人口大规模流入城镇的根本原因。据此推断，制度变革会对城乡人口流动产生决定性影响。目前，我国正处于城镇化加速发展阶段，农民市民化，制度须先行。不改革现有城乡制度，农民很难长期稳定居住、工作和生活在城市。农民市民化，不是要消灭农民，它有两层含义，即农民职业非农化和农民权利市民化。要通过城镇和农村制度创新，保证农民与城镇居民享有同等权利和均等基本公共服务，保护农民的土地、房屋和集体资产权益。也就是说，农民要带地（承包地）、带房（房屋和宅基地）、带产（集体资产）市民化。从近五年情况看，政府政策正在朝这个方向进行调整和转变。比如，中央政策已经允许农民进城后继续保留承包地。

7. 改革政府公共服务提供方式，可以改善和提高服务水平

《乡镇政府职能存废及取向评估：自湖北个案观察》一文认为：今后乡镇改革的重点在于转变政府职能，将政府垄断服务改为政府购买服务，可以有效改善服务水平。该文通过对比分析湖北、江苏和陕西 5 个乡镇农业技术推广服务发现，湖北省推行的政府购买服务（当地俗称为“以钱养事”）改革显著改善和提高了农业技术推广服务水平。现在再细想一下，湖北两个乡镇农技推广服务效果之所以良好，主要有两个原因，一是政府购买服务改革，破除了垄断；二是建立了科学、合理的目标考核制度。如果仅有政府购买服务改革，而不进行严格的目标考核管理，其效果也会大打折扣。

三、农村调查研究的二十四点体会

归纳起来，从事农村调查研究20年，有如下系列体会供读者借鉴与参考。

体会1:农村调查研究，既要调查也要研究

顾名思义，调查研究既要调查也要研究。所谓调查，就是发现、掌握和了解各类经济社会现象、信息和基本事实。调查的唯一目的，就是收集和掌握真实信息或者最大限度地接近事实真相。所谓研究，就是以调查发现和掌握的现象、信息、基本事实等资料为素材，借助严密的逻辑推理与数量分析方法，找出现象、信息、基本事实之间的联系或规律。调查和研究如同硬币的两面，二者有机关联，不可或缺。不调查，研究缺乏基本素材；只调查不研究，只能看到表面现象，找不到事务本质，发现不了经济社会运行规律。毛泽东同志倡导的“实事求是”和陈云同志倡导的“不唯上、不唯书、只唯实”精神，都同时强调调查与研究的重要性和关联性。从事农村调查研究务必做到“善观察、多思考、会思考”，不仅要知其然，关键还要知其所以然。调查重要，多思考重要，会思考更重要。农村调查研究要“听其言、观其行”，即既要听调查对象是怎么说的，更要观察调查对象是怎么做的。

体会2:农村调查研究需要借助多学科研究方法

农村调查研究涉及农村经济社会方方面面，既涉及农业问题，也涉及农村和农民问题；既涉及经济问题，也涉及社会问题；既涉及改革问题，也涉及发展问题。从学科分类看，农村调查研究主要涉及经济学、社会学、政治学、法学、人口学、管理学等学科。农村调查研究，需要综合采用多学科研究方法。比如，研究农村土地问题，既要采用经济学方法研究投入产出及其与地权稳定性关系，也要采用社会学方法研究妇女土地权益保护，还要采用法学方法研究土地法律的立法与修法，采用人口学方法预测未来农业人口结构等；研究村民自治与乡村治理问题，既要采用政治学方法研究村民自治与乡村治理中各利益相关方的博弈，也要采用公共行政管理方法研究乡村两级职能定位及治理模式选择，还要采用经济学方法对比不同治理模式的运行管理成本；研究农民市民化问题，既要采用经济学方法研究农村集体产权制度安排，也要采用管理学方法研究城乡社会保障问题，还要采用人口学方法预测未来农村人口结构，采用法学方法研究与农民市民化相关的法律、法规的立法与修法问题。单个研究方法，各有侧重、各有利弊，将多学科方法综合起来，可以相互补充，获得更多启发，提出更好的对策建议。

体会3:选题要有意义

农村调查研究,选题非常重要,它要么有理论意义,要么有实际应用价值,要么二者兼而有之。当然,还要你本人感兴趣。申请研究项目时,仅选题有意义还不够,项目申请书必须写得好且有可行性,申请成功的概率才会高。

体会4:文献综述与提出合理研究假设很重要

文献综述包括评估文献和综述文献两个方面。所谓评估文献,就是要评估文献对所选研究主题参考和借鉴价值的高低。所谓综述文献,就是系统分析和评述那些对所选研究主题有较高参考和借鉴价值的文献,包括这些文献采用了何种研究方法、利用了哪些变量指标、得出了哪些结论和推论以及存在哪些不足等。我们的经验证明,在文献综述过程中,细读文献很重要,但撰写全面、系统、准确的文献综述报告更重要。此外,在完成文献评估和综述工作后,需要根据所选主题研究内容和综述报告,提出自己的研究假设,为设计调查问卷提供依据。

体会5:调研方案优劣直接决定农村调查研究能否成功

调研方案,包括设计调查问卷、调查提纲、调研方法、指标解释和确定调研对象等内容,调研方案直接影响调查数据资料的数量与质量。设计一个好的调研方案,是农村调查研究非常重要的一个环节。用俗语“磨刀不误砍柴工”来比喻调研方案对农村调查研究的重要性,是非常恰当的。若调研方案存在缺陷,农村调查研究很难成功。

有些项目申请书写得非常好,但项目最终执行效果却不理想。一个重要的原因就是调研方案不成功,突出地表现为调查问卷存在明显缺陷,该收集的信息没有收集到,不该收集的信息收集了一大堆。在我印象中,前文提及的《进一步改革和完善农村土地制度》课题调查问卷前后做过5次大改。事后结果证明:该项研究的调研方案是很成功的。

体会6:试调查非常重要

试调查的目的在于更好地修改与完善调研方案,它能够发现调研方案的重大缺陷和遗漏。组织规模较大的农村实地调查,在最终确定调研方案前,必须先进行试调查,以便发现调研方案存在的问题和不足,并对其进行完善和补充。

体会7:大样本调查与个案调查相结合

农村调查研究,既要重视大样本调查,也要重视个案调查,将二者结合起来,可以相互补充。个案调查规模可大可小、内容可多可少、时间可长可短。以调查时间为例,有些个案只需要几个小时就可调查清楚,有些个案需要几天才能调查清楚,还有些个案可能需要几个月甚至好几年。个案调查,可以是典型个案调查,也可以是普通个案调查。

体会 8:淡然面对篇幅较长的调查问卷

篇幅较长的调查问卷,会给调查组织者、调查人员和访谈对象带来心理压力,担心工作量太大、调查时间太长。我们有经验证明,这种担心没有必要。首先,调查问卷虽然篇幅长、提问多,但并不是所有调查对象都需要回答所有问题,有很多调查对象会跳过很多提问不用回答。其次,调查刚开始时进度比较慢,多填写几份调查问卷后,调查速度就会变快。再次,这种篇幅较长的调查问卷,一般都是经过多次修改完成的,问卷本身存在的问题相对较少。当然,调查问卷篇幅不宜过长。我曾经与杜鹰、白南生、蒋中一等人探讨过这个问题,他们给出的建议是,填写单份调查问卷的时间最好不要超过 2 个小时,以 1～1.5 个小时为宜。

体会 9:农村实地调查需要丰富的经验、技巧与耐心

农村实地调查,是一项技术活,不是人人都能干的。它要求调查人员既要了解和熟悉农村情况,也要掌握基础调研方法、具备基本调研技巧和经验,还要能随机应变,更要有耐心。通常,封闭式调查问卷填写较为简单,适宜由调查经验稍有欠缺的调查人员完成。开放式调查问卷或个案访问,对调查人员要求很高,适宜有丰富经验与技巧的调查人员完成。那种走马观花式的农村实地调查,能否掌握、了解真实信息和事实真相,完全取决于运气。

体会 10:农村实地调查要模糊错与对的界限

在农村实地调查过程中,不论调查对象是政府部门、企事业单位还是村组干部或农民,对调查对象提供的信息、表达的观点和看法,不能简单地以“错”和“对”来评判。调查人员能做的就是让调查对象充分提供或表达真实信息,如实记录调查对象提供的信息、观点和看法。

体会 11:农村实地调查常能给人带来灵感和启发

有时候,人们坐在办公室或者图书馆里很难想清楚、弄明白的问题,只要去农村搞一次实地调查就会彻底弄明白。不仅如此,还能给人新的启示和灵感。比如,2013 年中央 1 号文件提出扶持发展家庭农场,要落实这一政策,就必须先界定什么是“家庭农场”。于是,全国很多地区开始为家庭农场设置标准,其中都有经营规模标准,似乎只有达到某种规模才能认定为家庭农场。2013 年上半年,我们到福建福清调研,一位家庭农场主的回答让我彻底明白了什么才是“家庭农场”(见第五章专栏 5.1 典型调查案例 2),这位农场主的回答给了我灵感和启发。

体会 12:数据校正麻烦却极其重要

数据校正被研究人员形象地称为“垃圾活”,但它却极其重要。在正式分析与处理数据前,一定要先对数据进行校正,这样既可以降低数据错误率,也可以提高数据分析工作效率。即使完成了数据校对,在后续数据分析与处理过程中,还有可能发现问题数据,对这些问题数据也需要及时给予校正。

体会 13:数据校正的唯一目的是恢复原始数据真实性

校正数据只有一个目的,就是恢复原始数据真实性。除此之外,不能再为了其他目的乱改数据,尤其是不能为了达到某种结果篡改数据。对找不到充分更正依据的原始数据,可依据某种合理逻辑进行推改,也可作为缺省值对待。

体会 14:若有必要,应当开展补充调查

当发现前期调查有重要遗漏或者调查结果与当初假设有重大差异时,应当及时进行补充调查。补充调查有可能是重新调查一次,也有可能是再次收集更多信息。比如,前文提及的《深化农村土地制度建设试验研究》课题,由于有两个关键问题的数据汇总结果与原设想差异较大,后来我们针对这两个问题专门做了一次补充调查;前文提及的《主产区粮食综合生产能力问题研究》课题,湖北和江西两省调查因未能收集到各类化肥有效成分含量和销售价格,不得不在事后让两地政府部门重新收集这两类数据,并传真给我们。

体会 15:定性分析与定量分析同等重要

撰写调查研究报告,既需要定量分析,也需要定性分析,二者同等重要。定量分析要以定性分析为基础,定性分析要依据严密逻辑进行推理,定性分析结论需要定量分析结果验证其准确性。

体会 16:好文章是长时间琢磨出来的

写文章容易,写好文章难。在调查研究报告写作中,一气呵成写出好文章的不多,绝大多数好文章都是靠长时间慢慢琢磨完成的。经过长时间思考和多次自我否定后完成的文章,多能经得起他人质疑和时间检验。

体会 17:调查研究结论和观点易受价值取向、预设立场和生活阅历影响

有时候,面对同样数据结果或者事实,不同的人会推断出不同甚至是完全相反的结论,这主要是由人们的阅历与价值取向差异决定的。比如,对于进城落户农民究竟应不应该退出承包地和宅基地问题,就存在两种完全相反的意见和看法。有人认为,农民转为城镇居民后应当无偿退出其承包地和宅基地;有人认为,农民转为城镇居民后应当继续保留其承包地和宅基地,要退出也必须是有偿退出。出现这种完全相反的结论和判断，根本原因在于价值取向不同。前一种观点从公平或者说平均主义价值取向出发，认为不是农民就不应当享受农民的权利；后一种观点从公正价值取向出发，认为承包经营权与宅基地使用权属用益物权，农民转为城镇居民后应当继续保留。我赞同后一种观点，这既与我的价值取向有关，也与我的阅历有关。在价值取向方面，《物权法》已经将承包经营权与宅基地使用权归为用益物权予以保护，与债权不同，集体经济组织不能随意解除。在生活阅历方面，受城镇居民移民国外后还可以自由处置其原来国内房产这一事实启发，农民由农村迁往城镇居住，还是中国公民，当然应当保留其原有财产权利。在涉及这种两难判断情形时，我个人倾向于坚持以社会主义市场经济原则和城乡一体化原则作为终极评判依据。

体会 18：研究结论与常识不符时要特别谨慎

当研究结论或推论与常识不符时，要特别小心。一方面，必须对数据、模型、推理过程进行全面检查，直至确信不存在错误为止。另一方面，要对与常识不符的结论给出合理解释与说明。

体会 19：兼听他人意见与坚持自己主见并行

农村调查研究，既要兼听他人意见，也要敢于坚持自己的主张。这里的他人既包括调查对象，也包括调研组成员、其他专家学者，还包括行政部门领导。

体会 20：不要过分迷信权威

这里的权威，既包括学术权威，也包括领导权威。进行农村调查研究，要注意向领导和学术权威学习，学习他们分析问题的方法，聆听他们的观点，但不能过分迷信。过分迷信权威，会妨碍自己的创造力和独立思考能力，还会使自己陷入麻木状态，拒绝接受新事务、新观点。

体会 21：学术讨论必须严谨、理性

学术讨论需要严谨和理性，带着感情色彩和主观推断进行学术讨论，不仅难以获得启发性共识，还可能造成更大混乱。从过往经验看，召开学术研讨会，时间总是不够用，参会人员发言相当积极。不过，有些讨论根本不在一个逻辑层次上，浪费了不少宝贵时间。

体会 22：认真对待匿名审稿人意见

发表研究成果时，要认真对待匿名审稿人意见。匿名审稿人对文章提出的意见与建议越多，对作者帮助越大，而不是反之。通常，一名合格的匿名审稿人会客观、公正地提出或指出所审文章的问题，一般不会故意为难作者。

体会 23:树立良好合作意识

农村调查研究,常常需要多方合作。调研组与接待单位之间要有良好合作,调研人员与调查对象之间要有良好合作,课题组内部人员也要有良好合作。合作不顺,调查或者研究效果就会大打折扣。

体会 24:尊重和保护知识产权

在调查研究工作中,既要尊重和保护他人知识产权,也要注意保护自己知识产权。今后,这个问题会变得更加重要。

第二章　研究项目选题与申请

一、研究项目选题

选题，就是选择研究主题或者题目。研究主题可以是宏观问题，也可以是微观问题，还可以是个案调查。选题有三种情形，即研究项目申请人自己确定研究主题、研究项目资助机构确定研究主题、研究项目资助机构与研究项目申请人共同确定研究主题。研究项目选题，需要遵循四点原则。

第一，最好是学术理论前沿或者决策重点关注的问题。从研究项目资助机构角度看，资助研究理论前沿或者决策重点关注的问题，既可以提高项目资金利用效益，也可以产生更好的社会影响，还可以扩大机构自身影响力。从研究项目申请人角度看，若选题是学术理论前沿问题或者决策重点关注问题，项目申请成功概率高，研究成果也会产生较好经济和社会影响。学术理论前沿问题，多属于基础研究，它需要研究人员有良好学术理论功底和学术素养，需要花大量时间阅读学术文献，更需要长期学术积累。决策重点关注的问题，多属于应用与对策研究，它需要多关注中共中央、国务院及各部委出台的重要决定、决议、各类文件和发展规划，多关注全国人民代表大会及其常务委员会出台的法律、法规，多关注最高人民法院出台的司法解释，等等。

第二，最好有相关的知识积累和经验。从自己熟悉的领域选题，不仅项目申请成功概率高，而且后期项目执行也会比较顺利，容易出高水平研究成果。正因为如此，诸如各类基金会、政府部门等研究项目资助机构，都要求研究项目申请人（或主持人）和项目组成员在相应研究领域或主题方面有足够的研究成果或研究经验。通常，研究项目资助机构会要求项目申请人提供过去五年的相关研究成果。我个人的看法是，提供过去研究成果非常有必要，但没必要设定一个五年期限。准确评估项目申请人的研究成果或研究经验，要综合考虑三个因素：一是已有研究成果数量，让申请人提供相关专著和论文即可；二是已有研究成果质量，让申请人说明其已有研究成果有哪些创新和重要发现；三是研究经验，对资助强度大的重点或重大研究项目，需要考察申请人有无组织大型研究项目的经验。

第三，最好是自己感兴趣或者至少不厌烦的研究主题。只有选择自己感兴趣的研究主题，才会从内心深处产生无穷的能量去克服各种困难，将研究项目做成功。

第四，要具备完成研究项目的基本条件。比如，要有足够的时间保证，要有足够的人力资源和合理的人员结构，要有足够经费保证，要有足够数据来源，要有足够硬件设施支持，等等。对需要进行实地调查的研究项目，要能找到调研地点，地方政府或乡村干部愿意接待你，至少愿意为你联络调研对象。

二、研究项目申请渠道和途径

（一）向国际组织和国外基金会申请研究咨询项目

随着国际交往的增多和中国影响力的不断扩大，很多国际组织和国外基金会都高度关注中国问题，高度重视中国智力，专门针对中国问题和熟悉中国情况的研究人员设立各类研究咨询项目。

关于研究项目。国际组织和国外基金会，通常都有专职项目官员负责某个领域的研究项目。若你提出的研究项目符合该机构当时资助方向，可直接向他们寄送研究项目申请书。若项目官员感兴趣，他会联系你进行面对面沟通。当然，如果有他们认可的重量级人物推荐，申请成功的概率会更高。比如，美国福特基金会有专门负责社会治理问题的项目官员，也有负责环境与可持续发展的项目官员，还有负责其他领域的项目官员。如果你想申请乡村治理方面的研究课题，就要与负责社会治理项目的项目官员联系。当然，也可与福特基金会办公室联系，由他们转交给相关项目官员。以我们申请福特基金会《乡镇职能问题研究》项目为例，在一次学术研讨会上，我遇到了福特基金会北京代表处负责治理问题的项目官员，短暂交流后，我向她表达了想研究乡镇机构改革及职能问题的意向，她表示有兴趣，我们相互留了联系方式。后来，我通过电子邮件向她提交了项目申请书，经过一段时间等待（注：期间项目官员可能正在研读和评估你的申请书），该项目官员通知我面谈一次，后来再经两次面对面沟通、协商和项目申请书修改，我们的研究项目最终申请成功。

关于咨询项目。诸如世界银行、亚洲开发银行等都设有推动政府政策制定与改善的技术支持项目，这些项目需要通过严格的招投标程序。研究人员通常以咨询专家名义参与这类项目，按合同规定内容按时提交研究成果。以我曾经参加的亚洲开发银行咨询项目为例，亚洲开发银行于2004年设立了“中国草原改良与减少贫困”技术援助项目（TA4308），其宗旨是评估中国已有草原改良项目效果与问题，以进一步完善草原改良项目管理、实现减贫目标。国务院发展研究中心为该项目执行机构(EA)，印度尼西亚 MACON 公司作为技术支持单位。2005 年，我被聘为国内咨询专家，负责“政府草原改良项目的管理体制与制度”专题。

(二)向国内基金会申请研究项目

国内资助“三农”研究的基金会有很多，比如国家自然科学基金委员会、全国哲学社会科学规划办公室(即国家社会科学基金)、农业部软科学委员会、中国经济改革研究基金会等。多数国内基金会会选好研究主题，研究人员只要按相关要求填写项目申请书即可，我们称之为命题作文。当然，也有自拟题目的，比如国家自然科学基金项目就允许自拟题目。以农业部软科学为例，其选题方式有过 3 次调整和变化：第一阶段，既确定研究主题(即研究题目)，也列出主要研究要点或主要研究内容(通常由相关领域专家列出)，课题申请人只需要按要求填写项目申请书即可；第二阶段，只确定研究主题，研究内容由课题申请人自己定；第三阶段，只确定不同资助领域，各领域研究题目和研究内容由申请人自己决定。比如，2016 年农业部软科学项目申请指南设置了七类开放式命题，每类命题下设若干重点问题(专栏 2.1)，研究题目由课题申请人自己定。

专栏 2.1　2016 年农业部软科学项目申请指南列出的七大类 20 项重点研究问题

一、构建农民增收政策体系

1. 促进一二三产业融合增加农民经营性收入问题
2. 支持引导农民就业创业增加农民工资性收入问题
3. 完善农业支持保护制度增加农民转移性收入问题
4. 深化农村土地和集体产权制度改革增加农民财产性收入问题
5. 培育新产业新业态拓展农民增收渠道问题

二、加强农业供给侧结构性改革

1. 粮食生产功能区建设问题
2. 重要农产品生产保护区建设问题
3. 提高农业效益和竞争力思路与政策措施问题

三、加大农业支持保护力度

1. 创新农业保险制度问题
2. 财政支持农业信贷担保体系建设问题
3. 完善粮食价格形成机制和收储政策问题

四、推动农业绿色发展
1. 生态循环农业发展模式和支持政策问题
2. 农业资源环境治理保护成本合理分摊机制问题
五、发展多种形式适度规模经营
1. 适度规模经营模式调查与分析
2. 新型农业经营主体与适度规模经营关系问题
3. 构建新型农业经营主体政策体系问题
六、推进农业对外开放
1. 农业对外合作战略问题
2. 构建农业"走出去"支持政策框架问题
七、加快城乡发展一体化
1. 推进城乡要素平等交换问题
2. 提高户籍人口城镇化率问题

注：引自2016年农业部软科学课题指南。

（三）向政府部门申请研究项目

政府部门通常会对外委托研究项目，用句时髦话讲，就是政府购买服务。在目前阶段，能获得政府委托项目资助的人，多是已经获得政府委托部门认可的人，委托方与被委托方已有良好合作关系，这种状况对年轻科研人员或者那些未能与政府部门保持长期合作的科研人员不利。随着时间推移，这种状况会发生改变，政府委托项目也会转向社会公开招标，以防暗箱操作和不正当利益输送。以我主持的《农村邮政服务发展方向、目标与路径研究》课题为例，国家邮政局普遍服务司曾委托某研究单位进行村级邮站建设问题研究，普遍服务司对该受托单位提交的最终研究报告不是很满意，受托单位找到我们单位领导希望予以人力支持，我们单位领导指派我和另一位同事负责为受托单位修改研究报告，修改后的研究报告获得了国家邮政局普遍服务司认可。基于这次接触，普遍服务司认可我们的研究能力，并于第二年委托我们进行农村邮政事业发展问题研究。

与其他各类基金会资助研究项目不同，政府委托项目有如下三大特点：一是委托项目都与委托部门主管工作密切相关，属对策性研究；二是有很强的时效性，项目必须在规定时间内完成；三是委托方重点关注项目研究成果能否为决策服务、能否获得领导批示、能否转化为政策，至于研究成果的学术水平或者能否在一流学术期刊发表，委托方并不是很关注。

（四）向大型公司和企业申请研究项目

通常，一些规模较大的涉农公司、企业会根据自身业务需求和发展要求，设置涉农研究项目，这些研究项目一般都有特定要求和目的。比如，分析研究消费者的消费偏好，分析研究某种产品的国际、国内生产与消费状况，分析研究与公司或企业生产经营相关的土地、劳动力与资金要素市场问题，等等。

（五）应邀或者主动请求参加他人主持的研究项目

未能独立申请研究项目的科研人员，经常受邀或者主动请求加入他人主持研究项目。在这种情形下，最好能成为研究组核心成员，全程参加研究项目所有流程，这样既可学到新东西，也有利于出较高水平文章；或者负责其中一个专题，自己认真做好。不能成为核心成员，以一般成员身份参加也可以，多少都会有所收获。最坏的状况是，自己不是很愿意参加，但碍于面子又不得不参加，在项目实施过程中，工作不认真，消极怠工，既耽误时间，也给他人留下不好印象，还出不了好成果。应邀或者主动请求参加他人主持研究项目，要注意知识产权保护问题，既不能随意侵犯他人知识产权，也不能让自己的知识产权被他人侵犯。

（六）自定研究项目

若既没有从外部获得研究资助，也没有参加他人研究项目，研究人员可以自己确定一个研究主题，利用手头能找到的统计数据和文献资料，进行专题研究，以积累更多经验和研究素材，为后续研究项目申请做准备。

此外，有些人大代表和政协委员为撰写议案，通常会自己单独或者与他人共同商定调研主题，以便调查研究后提出议案。

三、研究项目申请书撰写

（一）研究项目申请书主要内容

无论是基金资助项目还是政府委托项目，一般都有固定格式的申请书范本，项目申请人只要按要求填写即可。不同资助方，提供的项目申请书格式不尽相同。无论怎么变，都离不开以下内容。

1. 立项背景和意义(即选题依据)

项目立项背景和意义，就是要告诉资助方(或者项目评审人)所选研究主题(题目)的重要性和必要性，说服他们所选主题值得资助。立项背景和意义应当包括如下内容：

(1)理论背景介绍：主要介绍研究项目理论基础、理论演变进程、已有理论缺陷与不足以及理论与现实的矛盾等。

(2)学术观点争论：主要介绍与所选主题密切相关的学术讨论与观点争论。

(3)决策关注程度：主要介绍政策与法规制定机构和决策层对所选主题涉及问题的关注程度。

(4)实际应用价值：主要介绍该项研究所要解决的问题，比如澄清学术理论争论、解决政策和法律制定、修改面临的实际问题以及创造经济社会价值等。

表 2.1 简要列举了我本人主持或参加的 5 项研究项目的立项背景要点，供读者参考。

表 2.1　我本人主持或参加的 5 项研究项目的立项背景要点

研究主题(题目)	立项背景要点
《进一步改革和完善农村土地制度》(1998—2002 年)	研究内容重大改动前： (1)家庭联产承包责任制促进了农业生产发展，但其深层次的问题和后续制度安排问题并没有从根本上得到解决。(2)根据中央精神建立的全国农村改革试验区通过 10 年的改革和摸索，在土地制度方面积累了许多经验和教训，这些成果需要总结、提炼和更深入的研究。(3)理论界对中国土地制度安排认识和看法不尽一致，主张各种各样，具体制度安排也因地而异。(4)随着工业化和城镇化进程的推进，土地价值增值明显，政府征收农民集体土地补偿偏低。 研究内容重大改动后： (1)十五届三中全会提出了“抓紧制定确保农村土地承包关系长期稳定的法律法规，赋予农民长期而有保障的土地使用权”的工作任务。(2)学术界、决策界围绕农地承包制度系列问题的争论和讨论并没有形成一致观点和看法。比如，是否应该调整承包地、地权稳定与农户投入、农地流转的关系等。(3)实践中，各地农地承包的做法不尽相同。

续表 2.1

研究主题(题目)	立项背景要点
《乡镇职能问题研究》(2006—2008 年)	(1)党的十六大提出了“深化行政管理体制改革,进一步转变政府职能”的要求。(2)自 1986 年以来的 3 次乡镇机构改革效果并不理想,根本原因在于只注重机构和人员的增减,而忽视了职能转变这一核心问题。(3)各地区经济社会发展差异很大,但法律规定乡镇应当行使的职能却基本一致。
《农村邮政服务发展方向、目标与路径研究》(2009—2010 年)	(1)邮政业政企分开改革,为农村邮政服务带来新挑战。(2)十七届三中全会提出的城乡基本公共服务均等化,为农村邮政服务发展提供了新机遇。(3)邮政业“十一五”规划提出的目标和任务有待进一步落实,重点和难点都在农村。
《农民市民化问题研究》(2010—2012 年)	(1)我国目前正处于城镇化加速发展阶段,实际城市化水平远低于名义城市化水平。(2)有利于保护外来农民工和城中村农民基本权益。(3)有利于实现城乡一体化目标。(4)有利于提高农业生产效率和农业竞争力。
《近十年来我国农村土地政策执行问题研究》(2013—2014 年)	(1)2013 年中央 1 号文件提出开展“三农”政策执行情况“回头看”。(2)2004—2013 年 10 个 1 号文件中,除 2011 年 1 号文件因专门关注水利改革发展而未提及农村土地政策外,其他 9 个中央 1 号文件都高度重视农村土地政策。

需要指出的是,项目立项背景和意义只是说服资助方(或项目评审人)所选主题值得资助,至于最后究竟资助哪个项目组(或申请人),主要取决于项目资助方(或项目评审人)对项目申请书的综合评估。因此,项目申请书的其他内容(见下文)对研究项目能否申请成功至关重要。

2. 文献综述

文献综述,就是要告诉资助方(或项目评审人)所选研究主题已有的研究广度和深度,重点关注已有研究从哪些角度、采用何种数据、利用什么方法、取得哪些成果和结论,以及有待进一步考证和完善的方面等。若已有研究采用了计量模型,要特别留意是采用哪种计量模型,模型中有哪些变量,自变量对因变量影响的显著程度等,这对以后的问卷设计特别有价值。有关文献综述方法将在第三章做详细介绍。

3. 研究目标

简单说,研究目标就是研究所要达到的目的,研究目标可分为总体(根本)目标和分目标。可分段写，即总体目标和具体目标分开写。也可概括性地写一段话，即通过哪些手段和方法，解决哪些问题，实现何种目标。表 2.2 简要介绍了我本人主持或参加的 5 项研究项目的研究目标要点，供读者参考。

表 2.2　我本人主持或参加的 5 项研究项目的研究目标要点

研究主题（题目）	研究目标（目的）要点
《进一步改革和完善农村土地制度》（1998—2002 年）	研究内容重大改动前： （1）总结前一阶段土地制度建设试验的经验和教训，充分开发已取得的监测数据，制定下一步农村土地制度改革试验方案。 （2）同理论界和学术界进行广泛交流，研究探讨我国农村土地制度历史背景、社会背景及治本之策。 研究内容重大改动后： （1）为农村土地承包立法提供权威性调研材料。（2）了解乡村干部和农户对土地承包期、土地调整等重大问题的看法。（3）分析地权稳定性对农户投入、农地流转及规模经营的影响等。
《乡镇职能问题研究》（2006—2008 年）	（1）分析乡镇承担了哪些职能（即正在做什么），如何行使这些职能（即如何做）。（2）农民和当地居民需要乡镇做什么。（3）乡镇如何更好地履行其职能。
《农村邮政服务发展方向、目标与路径研究》（2009—2010 年）	根本目标：实现城乡邮政服务均等化，使城乡居民享有同等水平的邮政普遍服务。 具体目标：（1）探索农村邮政服务的发展方向和发展模式。（2）探索建立提升农村邮政普遍服务和特殊服务水平的长效机制。（3）确定农村邮政服务发展的路径和阶段性工作任务。
《农民市民化问题研究》（2010—2012 年）	根本目标：在全面分析城乡居民权益差异基础上，系统总结东部发达地区和中西部试点地区在消除农民市民化体制和制度障碍方面的经验，为更大范围内消除农民转为市民的体制与制度障碍提供借鉴，使更多农民转为市民，真正融入城镇，最终促进城乡社会经济一体化。 具体目标：（1）分析影响农民转为市民的因素，包括现存体制和制度障碍。（2）总结试点地区取得的经验以及试点引发的新矛盾和新问题。（3）为农民转为市民改革提出切实可行的路线图和政策建议。

续表 2.2

研究主题(题目)	研究目标(目的)要点
《近十年来我国农村土地政策执行问题研究》(2013—2014 年)	在系统归纳近 10 年来我国六大类农村土地政策演变轨迹和关键政策要点基础上,全面评估农村土地政策关键政策要点的执行效果,系统分析行政体制、财政体制和激励机制对农村土地政策执行效果的影响,并提出改善农村土地政策执行效果的对策建议。

4.研究内容

(1)研究内容与研究主题的关系。研究内容是由研究主题决定的,但二者的关系又是相对的。若研究主题非常宏观,那么研究内容就是宏观主题下的分支内容;若研究主题集中于一个小问题,那么研究内容就只能是与该主题相关的更加细化的内容。形象一点讲,研究主题是文章题目,研究内容则是文章一级、二级或三级标题。若研究主题已经是三级标题,那么研究内容就只能是三级标题下的细化内容。这里,以农村土地制度研究为例,说明研究内容与研究主题的关系(见专栏 2.2)。从专栏 2.2 我们发现:研究主题④是研究主题③的一项研究内容,研究主题③是研究主题②的一项研究内容,研究主题②又是研究主题①的一项研究内容。同理,研究主题⑥是研究主题⑤的一项研究内容,研究主题⑤又是研究主题①的一项研究内容。

专栏 2.2　农村土地制度研究内容与研究主题的关系

若研究主题为《进一步改革和完善农村土地制度》(简称研究主题①),研究内容至少应包括农地制度、集体建设用地制度、农户宅基地制度、耕地保护制度、集体土地征收制度和土地确权登记颁证制度等六个方面。此外,每个方面的研究内容还可进一步细化。

若研究主题为《进一步改革和完善农地制度》(简称研究主题②),研究内容至少应包括农地承包、农地流转、农地确权登记和耕地保护等四个方面。每个方面的研究内容还可进一步细化。

若研究主题为《进一步改革和完善农地承包制度》(简称研究主题③),研究内容至少应包括农地承包期限、承包地调整与收回、机动地管理、土地承包经营权确权登记颁证等四个方面。每个方面的研究内容还可进一步细化。若申请资助经费充足,最好加上承包期限和承包经营权确权对农地流转的影响、承包期限对农户短期投资和长期投资的影响等内容。

若研究主题为《农村承包地调整》(简称研究主题④),研究内容至少应包括承包地调整类型(大调整、小调整)、承包地调整基本特征、承包地调整对农户生产经营行为的影响、承包地调整对妇女权益的影响以及影响承包地调整的因素分析等方面。

若研究主题为《农村土地确权登记颁证政策执行评估》(简称研究主题⑤),研究内容至少应当包括集体土地所有权确权登记颁证、集体建设用地和农户宅基地使用权确权登记颁证、土地承包经营权确权登记颁证等 3 个方面,每个方面都要分析政策执行进展情况、存在问题及对策建议等。

若研究主题为《农地承包经营权确权登记颁证政策执行评估》(简称研究主题⑥),研究内容至少应当包括农地承包经营权确权登记颁证相关政策规定及各类操作规程规定、各地具体做法及面临的问题、政策执行进展、政策执行效果评估等内容。

(2)研究内容构成。通常,研究内容应当包括背景及现状分析与评估、问题归类与分析、基本特征分析、发展趋势分析、变量相关关系分析、国内外经验等。为与前文呼应,表 2.3 简要介绍了我本人主持或参加的 5 项研究项目的研究内容要点,供读者参考。

表 2.3　我本人主持或参加的 5 项研究项目的研究内容要点

研究主题(题目)	研究内容要点
《进一步改革和完善农村土地制度》(1998—2002 年)	研究内容重大改动前: (1)研究集体土地所有权、使用权具体实现形式。(2)研究如何稳定和完善土地承包关系。(3)研究建立和完善非耕地制度。(4)研究建立农地流转市场,规范农地流转,促进规模经营。(5)研究改革征地办法,对非农用地按不同用途在价格上区别对待。(6)研究如何加强耕地保护。(7)研究建立土地登记制度,加强土地管理。(8)研究土地增值收益分配,正确处理国家、集体和农民利益。 研究内容重大改动后: (1)分析和了解乡村干部和农户对“30 年不变”政策的态度与看法。(2)实证分析地权稳定性对农户长期、短期投入的影响。(3)实证分析地权稳定性对农地流转的影响。(4)总结各地土地承包的具体办法,并分析其优缺点。

续表 2.3

研究主题(题目)	研究内容要点
《乡镇职能问题研究》(2006—2008 年)	(1)了解国外市镇政府职能及其管理方式。(2)农村税费改革前，乡镇承担的公共管理与公共服务职能及存在的问题。(3)当前乡镇所承担的职能及履行情况评估。(4)农村居民需要乡镇履行哪些主要职能。(5)乡镇职能部门与农民及其他利益相关者沟通方式和渠道评价。(6)今后乡镇职能的可能走向。
《农村邮政服务发展方向、目标与路径研究》(2009—2010 年)	(1)农村邮政服务发展需求分析。(2)农村邮政服务发展环境分析。(3)农村邮政服务发展的目标、方向和路径分析。
《农民市民化问题研究》(2010—2012 年)	(1)农民转为市民的条件与优先序。(2)外来农民工转为市民后的居住问题。(3)农民转为市民后的土地权益保护与退出机制。(4)农民转为市民后的就业与培训问题。(5)农民转为市民后的社会保障问题。(6)总结"城中村"改造、"村改居"、"村民宅基地置换"和"集体资产产权制度改革"经验。
《近十年来我国农村土地政策执行问题研究》(2013—2014 年)	(1)农村土地确权登记颁证政策执行情况及面临的问题。(2)农地承包政策执行情况及面临的问题。(3)农地流转政策执行情况及面临的问题。(4)基本农田保护政策执行情况及面临的问题。(5)集体建设用地政策执行情况及面临的问题。评估农民"一户一宅"、宅基地面积限制政策和集体建设用地使用权流转试点政策执行效果;分析集体建设用地政策执行面临的行政体制、财政体制与激励机制问题。(6)加快农村土地征收制度改革政策执行情况及面临的问题。评估现行农村集体土地征收制度改革政策执行效果;分析征地政策改革面临的行政体制、财政体制与激励机制问题。(7)农地发展权理论与土地增值收益分配。

5. 理论框架

有些项目申请书需要填写理论分析框架,有些项目申请书不需要填写。所谓理论分析框架,是指所选研究主题涉及的主要理论以及理论与研究主题间的逻辑联系。理论分析框架部分,要简要介绍相关理论主要内容及其与本主题的联系,相关理论对本研究的指导意义等。

比如,农民市民化问题研究就会涉及二元结构理论、公共物品与公共财政理论、产权理论。(1)二元结构理论。根据二元结构理论,在转型国家的工业化和城市化过程中，存在一个传统农业部门和一个现代工业部门。传统农业部门劳动力剩余、生产效率低，现代工业部门劳动力短缺、生产效率高。因此，必然出现农业部门劳动力向工业部门转移。随着农业人口和农业劳动力不断转出，传统农业部门会逐步实现现代化，其生产效率会提高，最后二元结构转变为一元结构。根据二元结构理论，可以推断：经济社会发展将依次经历三种形态，即传统农业社会（传统一元结构）、传统农业与现代工业并存的社会（二元结构）和现代农业与现代工业并存的社会（现代一元结构），由传统一元结构转变为二元结构，再由二元结构转变为现代一元结构，是经济社会发展的一个自然过程。我国计划经济时期形成的城乡分割管理体制和制度，阻碍了二元结构向一元结构转化，极有可能使二元结构长期固化，进而影响经济社会可持续发展。为此，我们需要找出并消除使二元结构长期固化的体制与制度障碍。(2)公共物品与公共财政理论。自由市场在提供私人物品方面是有效率的，但在公共物品供给方面出现了市场失灵。公共物品主要由政府通过公共财政支出来提供，不同层级的政府承担不同职责，提供不同种类的公共物品。政府可以通过调整公共财政支出规模和结构，推动社会朝更加公平的方向发展。自21世纪初起，中央财政开始关注农村民生问题，提出要让公共财政的阳光普照农村和农民。让农民享受更多公共财政的阳光有两种办法，一是加大财政支农支出，二是让农民转为市民，享受与城镇居民同等权利和公共服务。(3)产权理论。市场经济强调产权界定、产权保护和产权平等交易。我国《物权法》已将农民土地承包经营权和宅基地使用权界定为用益物权。对于农民转为市民后的土地承包经营权和宅基地使用权处置，不能再采用过去无偿没收和“一平二调”的办法，而是要遵循自愿和平等交易原则。

6.研究方法及技术路线

研究方法，包括文献综述环节、实地调查环节、数据分析环节和研究报告写作环节所使用的方法，其中最为主要的是实地调查环节和数据分析环节所使用的方法。项目申请书应当对采用的研究方法进行简要介绍；若采用计量模型，需要列出计量模型类型及其数学表达式、重要的数学推导过程及待检验假设等。在我主持或作为主要成员参加的研究项目中，农村实地调查环节采用过抽样调查法、典型调查法、案例调查法、座谈法、农村快速评价法(RRA)、“参与式”农村评估法(PRA)、焦点小组访谈法等方法；数据分析环节采用过定性分析法、定量分析法（简单数量分析和复杂计量分析）以及对比分析法等；文献综述和写作环节主要采用归纳法和演绎法。表2.4列出了我本人主持或参加的5项研究项目采用的主要研究方法，供读者参考。本书第五章、第七章将对这些研究方法做详细介绍。

表 2.4　我本人主持或参加的 5 项研究项目采用的研究方法

研究主题(题目)	研究方法
《进一步改革和完善农村土地制度》(1998—2002 年)	研究内容重大改动前拟采用的方法:抽样调查法、典型调查法、案例调查法、"参与式"农村评估法(PRA)、座谈法、定量分析法。 研究内容重大改动后拟采用的方法:抽样调查法、典型调查法、案例调查法、座谈法、定量分析法。
《乡镇职能问题研究》(2006—2008 年)	抽样调查法、典型调查法、案例调查法、焦点小组访谈法、对比分析法、定量分析法。
《农村邮政服务发展方向、目标与路径研究》(2009—2010 年)	抽样调查法、典型调查法、座谈法、案例调查法、对比分析法。
《农民市民化问题研究》(2010—2012 年)	典型调查法、座谈法、案例调查法、定量分析法。
《近十年来我国农村土地政策执行问题研究》(2013—2014 年)	抽样调查法、案例调查法、典型调查法、座谈法、对比分析法。

技术线路,也就是研究路线,重点介绍研究流程、研究工作内容和研究方法等。除简单文字说明外,采用流程图更直观。图 2.1 左边椭圆形部分为研究流程,中间虚方形部分为研究工作内容,右边实方形部分为所采用的研究方法。

7. 研究特色及创新之处

研究特色及创新,主要指与他人已有研究相比,你本人主持的研究项目有哪些特点和创新。比如,调查研究方法有何创新、研究指标及变量选择有何差异、研究结论可能有何不同以及这些不同可能产生的重要意义等。有些项目申请书需要撰写这部分内容,有些项目申请书不需要撰写这部分内容。

8. 研究进展

研究进展,就是粗略介绍研究项目的研究日程安排,即大概什么时间做什么事情。农村调查研究时间安排,需要统筹考虑农业生产季节性、农村人口流动性、自然灾害以及当地风俗习惯等因素。针对农户的调查与访谈,最好避开农忙季节;针对大江、大河沿岸地区的农村调查,最好避开水灾易发季节;针对农村外出劳动力进行调查,最好选择春节前后或者干脆在输入地现场调查;调查地区每年某个时段

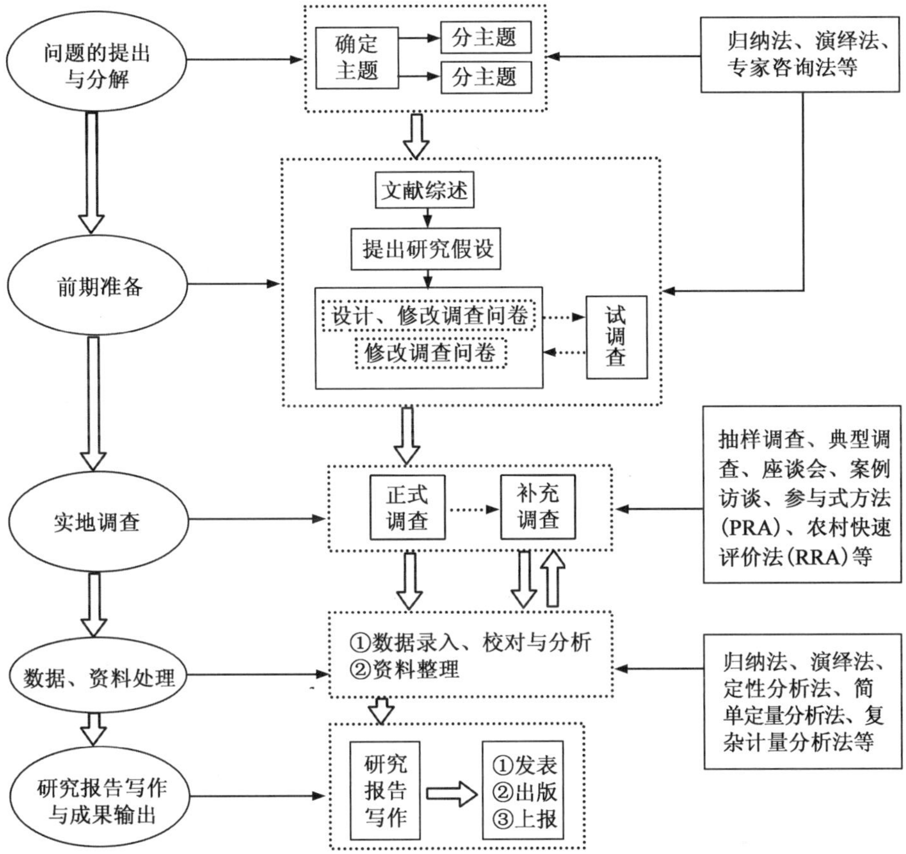

图 2.1　技术路线图

有固定重大节日或活动，实地调查尽量规避这些时段。

9. 预期取得的成果

预期取得的成果，一般应包括如下 5 个方面中的一个或多个。

(1)研究报告，包括研究总报告、专题研究报告、案例访谈成果等。

(2)研究成果公开发表或出版，即发表学术论文、调查研究报告和出版专著等。

(3)研究成果上报决策机构或领导。其目的是引起领导重视或被决策层采纳，让研究成果产生更好影响。

(4)召开学术研讨会。

(5)建立相关数据库，供后续研究使用。

10. 已有研究积累

已有研究积累，一般是指项目申请人在本研究领域已经取得了哪些成果和有哪些重要发现，比如发表文章、出版专著以及重要观点等。当然，也可以是项目组主要成员在本研究领域取得的重要成果和发现。具体需要根据项目申请书填写要求填写。

11. 研究工作条件

主要包括：(1)所在单位或部门工作条件，比如是否有专门的调研系统或固定的调查点，是否有丰富的图书及数据资料，办公条件如何等；(2)课题组工作条件，比如电脑、打印机、照相机、办公室等硬件设备配备；(3)课题主持人或主要成员有无组织大型调研的经验，等等。

12. 研究经费预算

多数研究项目申请书都有研究经费预算表格，只要按照相关要求和科目填写即可，研究经费结构需要与申请书研究内容匹配。比如，研究项目需要做大样本调查，那么差旅费、食宿费等应当有保证；研究项目需要向其他机构购买数据资料，研究经费预算必须要列出明细数目。

13. 课题组成员构成

项目申请书需要填写课题组主要成员信息，包括姓名、年龄、性别、职称、研究方向、已经取得的研究成果等基本信息。资助方对课题组成员年龄、职称结构等不会有硬性约束，但也要基本合理。有的资助方(多为国际组织)还对课题组成人员性别构成有特别要求，比如一定要有女性参加，甚至规定要有一定比例以上的女性参加。还有的资助方强调人员的知识结构要合理。

(二)撰写研究项目申请书应注意的问题

1. 研究项目申请书评审程序

近几年，我本人每年都受邀作为评审人对一些单位或基金的研究项目申请书进行评审，资助方对评审人有具体要求，比如要客观、公正，要尊重项目申请人劳动成果等。为真正做到客观、公正，我本人评审研究项目申请书时一般遵循以下程序。

(1)根据研究项目主题(即题目)和内容，对项目申请书进行分类。比如，先将研究主题分为农村土地、农村劳动力、农民收入、现代农业、农业产业化、农村财政与金融、乡村治理、农村教育、扶贫、农业可持续发展和环境保护、农户经济等类别，然后再将项目申请书归类到各自所属类别。若某个研究主题项目申请书较多，还可进一步细分。比如，将农村土地制度研究细分为农地制度、宅基地制度、集体建设用地制度和土地征收制度等；将农地制度细分为农地承包、农地承包经营权流转、农地承包经营权抵押、农地三权分置改革等。

(2)将所有研究项目申请书通读一遍，第一轮选出最差的直接淘汰，选出最好的供备选。第一轮筛选最差、最好项目申请书，既不区分类别，也不设比例限制。

(3)将选出最差和最好后剩余的项目申请书再通读 1～2 遍，第二轮选出相对较差和相对较好的项目申请书。

(4)将第一轮直接选出的最好和第二轮选出的相对较好两类项目申请书进行对比，根据项目资助方要求入选数量或比例，选出相应数量(可以适当多一点)项目申请书。若最好和相对较好项目申请书数量达不到资助方要求数量，则再从淘汰的项目申请书里找。当然，实在找不出合适的，最后建议入围的项目申请书数量就只能少于资助方要求数量。

(5)根据项目评审要求，再次通读所有选中项目申请书，逐项对所有选中项目申请书打分，并汇总得出总分。

(6)根据项目资助方要求入选比例，确定入选项目。若最好和相对较好项目申请书数量多于资助方要求数量，有两种可能，即要么直接按申请书优劣排序选出排位靠前的，要么适当兼顾不同主题。究竟是直接按优劣排序还是适当兼顾不同主题，主要看排位靠前的是不是都属同一个主题。若同一个主题有多份靠前被选上，即要适当调整，照顾其他未被选中的主题。

若是重大研究项目或者应急项目，还会考虑项目申请人有无组织重大研究项目的经验，时间能否充分保证等。如果项目申请书写得很好，但项目申请人还有很多在研项目未结题，时间没有保证，也不建议入选。当然，如果该重大研究项目在实践中非常紧迫，对近期重大决策会产生重要影响，一般还是建议入选。

2. 撰写研究项目申请书应注意的问题

根据我本人申请研究项目的经验和参加研究项目评审的体会，撰写研究项目申请书应注意如下 10 个问题。

(1)题目要简单、明了。给研究主题起一个好题目非常重要，好题目让资助方或评审人一看就知道你想研究什么。若研究内容与研究目标非常明确、具体，可以先定题目再写内容；若研究内容与研究目标不是很明确，最好先确定研究内容再确定题目。

(2)研究内容必须与研究主题(题目)相符。研究内容与研究主题相符,这是基本要求,它会给资助方或评审人留下良好印象,让他们觉得你真正懂得你所选择的研究主题。

(3)目的要明确。所谓目的明确,就是项目申请人首先要知道自己想做什么,想达到什么目的。有些项目申请书,评审人在看完后都不知道项目申请人想要做什么、要达到什么目的。如果项目申请人自己都没想明白,评审人就更加难以明白。

(4)语言要简练。越简单的语言越容易懂。有些项目申请书语言文字晦涩难懂,看完后觉得"云里雾里",要费很多时间去猜测它的意思。有些项目申请书喜欢用"新名词",其意思也只能通过猜测才能理解。

(5)逻辑要清晰。项目申请书要有清晰的逻辑,要如"行云流水"般吸引评审人,让评审人跟着项目申请人的思路和逻辑思考,且读后有所启发。有些项目申请书学术观点完全与评审人相反,但它仍然能获得评审人好评,根本原因在于其研究逻辑清晰、行文流畅且具有可行性。

(6)计量模型要精准、易懂。越来越多的项目申请书会引用计量模型分析问题,引用计量模型需要注意模型成立的条件是否具备,要对模型及其变量、研究假设等做出基本说明。

(7)重要环节不能漏。农村调查研究如同工业生产流水线一样,由许多环节构成,重要环节不能遗漏,比如文献综述、实地调研、数据处理等。对需要大样本调查的研究项目,试调查是一个非常重要的环节。若不进行试调查,匆忙开展正式调查,就很难发现调研方案(主要是调查问卷)存在的问题,很可能造成难以挽回的损失。

(8)可执行性强。研究项目工作量需与经费支持强度相匹配,研究项目需要的数据要有可获得性,项目组成员要有完成研究的能力,等等。

(9)最好少列或不列无关参考文献。当项目申请书要求列出主要参考文献时,有些项目申请书列出很多与本项目文献综述无关的文献,这既浪费非常宝贵的篇幅资源(项目申请书一般都有字数限制),也给人留下不好印象(为文献而文献)。因此,最好不列无关文献。

(10)不要假、大、空。研究项目申请,切忌赶时髦,假、大、空。比如,近两年里农地三权分置与农业供给侧结构性改革是理论界和决策界关注的热点问题,在项目评审中就有"我国农地三权分置进程中农业供给侧改革研究"题目,这种简单将两个热点问题集为一体的研究题目,表面看很时髦,实际没有任何意义。

第三章　文献综述与调查问卷设计

一、文献分类、查找与筛选

(一)文献分类

按语言分,文献可分为中文文献和外文文献。外文文献还可细分为不同语种文献,比如英文文献、日文文献、德文文献、法文文献等。

按内容分,可分为学术文献和非学术文献。学术文献包括学术论文、学术专著、毕业论文、调查研究报告等;非学术文献包括统计资料、法律、法规条文和政策文本、领导讲话、工作总结、调查报告等。

按公开程度分,可分为公开出版发行文献、非公开出版发行文献(内部资料或内部交流刊物)。

(二)文献查找

1. 文献查找途径

目前,常用文献查找途径有三种。第一,通过专业期刊网查找文献资料。比如,通过中国知网(CNKI)查找文献已经成为很多研究人员的首选。第二,到图书馆或单位资料室查找、借阅纸质版文献和影像资料。纸质版文献包括各种期刊、统计资料、报纸、书籍和内部资料等。在没有互联网的时代,图书馆和资料室是研究人员查找文献资料的主要途径。第三,通过网络搜索直接查找,输入关键词即可以查找相关网页及内容。

2. 文献查找方法

以中国知网为例,它提供了主题、篇名、作者、单位、摘要、关键词等搜索索引。在选定搜索索引后,再输入与该索引匹配的关键词,你就可以查找到许多相关文献。比如,你想查找某位作者发表的文章,你只要选中中国知网搜索栏下的索引

“作者”，然后输入作者姓名直接检索，就可查找到以该姓名发表的所有文章；若该姓名重名较多（比如李建国），查到的文献数量很多，只要再加上“作者单位名称”即可找到你所需要文献。当然，还可附加更多限定条件，缩小查找范围，比如限定专业、限定时间等。同时，若你想查找与农地流转相关的文章，你只要选中搜索栏下的索引“关键词”或者“摘要”等，然后输入“农地流转”或“农地承包经营权流转”等关键词（或信息）直接检索，即可找到你想找的文章。

（三）文献筛选

文献筛选，就是选出那些对研究项目参考或借鉴价值高的文献，通常遵循“名文、名著、名刊、名人”原则。

“名文”，是指那些在某个研究领域非常有影响力的学术论文。根据我的经验，判断“名文”最直接、最简单的方法就是看文章的被引用频次，被引用频次多少直接反映该文的影响力。当然，被引用频次也容易受论文题目和关键词影响。题目和关键词写得好，论文被搜索到的频率会高，被引用频次也会多。若将被引用频次与被下载频次综合起来，分析被引频次与被下载频次比率，就会更科学、更客观。比率越高，说明论文被下载后对其他作者产生的影响越广泛。比率越低，说明其他作者虽然下载甚至阅读了该文献，但该文献并没有对其他作者有参考与借鉴作用。

“名著”，是指那些在某个研究领域非常有影响力的代表性学术专著。

“名刊”，是指那些学术水平高的学术期刊和社会影响力大的报纸、杂志。这类期刊和报纸有严格审稿、用稿程序，其刊载的文章质量比较有保证。

“名人”，是指那些学术水平高且有影响力的学术精英和社会名流。他们发表的文章、出版的书籍及调研报告常常会触及学术前沿和社会热点问题，常常会有新思想、新观点，给人们以更大启发。

二、文献综述

（一）评估文献

查找到文献后，先粗略通读文献，初步评估文献对研究主题的借鉴和参考价值。有借鉴和参考价值的，留待进一步研读；借鉴或参考价值不高的，不必再次研读，可以直接删除或忽略。

对含有非常复杂计量模型和数学推导的文献，可能无法完全看懂。这没有关系，我们不需要完全明白其复杂的推导过程，只需看懂计量结果、推论、结论和建议即可。通常，文献结尾部分，作者都会总结出结论、推论和建议。

(二)综述文献

1. 综述同一篇文献

综述同一篇文献，重点关注两个方面。一是要关注文献作者主要借助哪些研究方法、利用哪些变量指标，得出哪些结论和推论，提出了哪些政策建议。二是要分析文献作者采用的研究方法、变量指标及其得出的结论与推论存在哪些不足和缺陷。

2. 对比综述多篇文献

对比综述多篇文献，就是系统分析不同文献作者在研究同一主题时，采用的研究方法、变量指标及得出的研究结论、推论有何差异，以及这些差异产生的原因。

3. 文献综合评述

文献综合评述，就是对已读过的文献进行综合分析和评价后，提出下一步研究初步设想和需要重点关注及解决的问题或假设，主要包括三个方面。一是分析已有文献取得了哪些学术成果，取得了哪些共识，存在哪些差异与分歧。二是综合分析已有文献存在的不足与缺陷。三是提出下一步研究设想和需要重点关注及解决的问题或假设，包括如何消除已有研究的差异与分歧、如何克服已有研究的不足与缺陷以及可能的创新等。

4. 查找和分析文献的参考文献

文献综述，除了重视文献本身内容外，还要关注文献所引参考文献。这既有利于收集更多资料和信息，也有助于发现已有文献对参考文献的分析和理解是否正确，还有助于进一步拓展研究思路。

5. 撰写文献综述报告

经验证明，细读文献很重要，但撰写文献综述报告更重要。文献综述报告的内容应当包括研究方法、研究数据、变量指标、计量模型、研究结论、政策建议、存在的不足与缺陷以及综合评述等内容。以《进一步改革和完善农村土地制度》为例，当时我完成了两份文献综述报告，即背景材料和综述材料，这两份材料的主要内容见表3.1。

如第一章所列举的三大原因，在后期项目执行过程中，课题组对《进一步改革和完善农村土地制度》研究内容做了重大调整，调整后的课题研究内容包括30年承包期内是否应该调整承包地、承包期长短（即地权稳定性）与土地投入的关系、承包期长短与土地流转（规模经营）的关系、农户农业生产效率主要受何种因素影响以及农民对农村土地政策的看法和态度等。调整后的课题研究内容与综述材料中的第二、第三和第七部分（即表中的（2）、（3）和（7），下文同）密切相关，见表3.1中粗体字。

表3.1 《进一步改革和完善农村土地制度》课题背景材料和综述材料主要内容

资料类型	主要内容	细化内容
背景材料 （9 000字）	系统回顾中华人民共和国成立后我国农村土地制度变迁轨迹	（1）中华人民共和国成立至1978年的农村土地制度变革 （2）1978年至1997年的农村土地制度变革
综述材料 （11 000字）	详细介绍20世纪80年代至90年代中期有关农村土地制度问题的讨论及相关学术观点	（1）关于土地所有制的讨论 包括国有永佃、私有和完善集体所有制三种观点 （2）关于家庭联产承包责任制的讨论 **①较长土地承包期是否会促进农民增加对土地的投入** **②较长土地承包期能否加快土地流转与集中** **③究竟是“大稳定、小调整”还是“增人不增地、减人不减地”** （3）关于农地规模经营的讨论 **①规模经营有利于提高劳动效率，应当推行规模经营** **②规模经营不利于提高单产，不应当推行规模经营** （4）关于山地、荒地等非耕地资源开发和治理制度的讨论 ①租赁制、拍卖制与承包制有无本质区别 ②如何保护非耕地资源开发和治理成果 ③如何处理好开发与环境保护关系 ④如何确定合理地租或标价等 （5）土地农转非过程中的农民利益保护（详细内容略） （6）耕地保护问题（详细内容略） （7）当前农口决策所关注的问题 **①30年承包期内该不该调地** **②如何规范农地流转**

(三)提出并细化研究假设

在完成文献评估和文献综述工作后,接下来就是根据所选主题研究内容和文献综述报告,提出研究项目的研究假设。这些研究假设必须与课题申请书研究内容高度关联,且可通过数据或资料分析验证真伪。以《进一步改革和完善农村土地制度》课题为例,根据课题研究内容和综述材料中第二、第三和第七部分列出的学术讨论观点,我们想验证如下四大总研究假设。

(1)农户究竟是愿意调地还是不愿意调地(即农户调地意愿分析)。这个假设与综述材料第二部分③与第七部分①对应。

(2)承包期长短对土地投入特别是中长期投入有显著影响。这个假设与综述材料第二部分①对应。

(3)承包期长短对土地流转有显著影响。这个假设与综述材料第二部分②和第七部分②对应。

(4)农户农业生产效率受多因素影响。这个假设与综述材料第二部分①、②和第三部分①、②对应。

仅提出总研究假设还不够,还需将总研究假设进一步细化为若干个子假设。比如,农户调地意愿可能受农户人口结构、是否是村组干部、耕地资源情况、非农就业机会等因素影响。我们假设老年人口多的农户可能更不愿意选择调地,未婚男性人口多的农户可能更愿意选择调地,未婚女性人口多的农户可能更愿意选择不调地,村组干部更愿意调地,至于非农就业机会和耕地资源状况对农户调地意愿的影响,其影响方向不确定,有待事后验证。同理,我们可以为其他 3 个假设分别细化出若干子假设,详见表 3.2。

表 3.2 《进一步改革和完善农村土地制度》研究假设及子假设

研究假设	若干子假设
农户究竟是愿意调地还是不愿意调地	老年人口多的农户可能更不愿意选择调地;未婚男性人口多的农户可能更愿意选择调地;未婚女性人口多的农户可能更愿意选择不调地;村组干部户更愿意调地;非农就业机会与耕地资源状况对农户调地意愿的影响方向不确定。
承包期长短对土地中长期投入有显著影响	耕地面积规模、非农就业机会、受教育程度、农民收入水平、村组集体投资、作物种类、承包期长短等都可能对土地中长期投入产生显著影响,其中承包期长短对土地中长期投入有显著正影响。

续表 3.2

研究假设	若干子假设
承包期长短对土地流转有显著影响	耕地面积规模、农户收入水平、外出就业机会、土地收益水平、户主年龄及文化水平、承包期长短和土地负担等因素都可能对土地流转产生显著影响，其中承包期长短对土地流转有显著正影响。
农户农业生产效率受多因素影响	耕地面积规模、劳动力投入、化肥和农药投入、非农就业机会、农业机械投入、承包期长短、受教育程度等都可能对农业生产效率产生影响，其影响方向不确定。

三、调查问卷分类及其内容

（一）调查问卷分类

调查问卷可分为三类，即封闭式调查问卷、开放式调查问卷（包括访谈提纲）和混合式调查问卷。

1. 封闭式调查问卷

封闭式调查问卷，其所列提问的答案，要么是唯一固定的，要么是二个以上但可列举和有穷尽的。比如，你家里有几口人？其答案是唯一固定的；你认为 30 年承包期内是否应该根据人口变化调整承包地？其答案选项只能是应该、不应该和说不清，不会再有第四个选项，其答案是可穷尽的。多项选择题，虽然有两个以上答案，但其答案选项也是可穷尽的。

2. 开放式调查问卷

开放式调查问卷，其所列提问的答案具有不确定性和难以标准化等特点，在正式调查前我们不知道被访问对象会给出何种答案。开放式调查问卷，最典型的就是访谈提纲。与封闭式调查问卷相比，开放式调查问卷或访谈提纲便于更深入、更详细地了解和记录难以预料的信息和无法准确描述的行为。开放式提问，是开放式调查问卷的特殊形式。比如，本章附件 1 第 29 题就有开放式提问，在被访农户回答了“是否应该根据人口变化调整承包耕地”提问后，让他继续回答选择“应该”或“不应该”的理由。

3.混合式调查问卷

混合式调查问卷,其有些提问的答案是唯一固定或者可以穷尽的,有些提问的答案是不确定和难以标准化的。混合式调查问卷一般以封闭式提问(即固定答案)为主,开放式提问(即答案不固定)为辅。有时候,为调查方便和逻辑一致其见,开放式调查问卷也有少量封闭式提问。混合式提问,是混合式调查问卷的特殊形式。比如,“你认为30年承包期内应该根据人口变化调整承包耕地的理由有哪些”,对于这个提问我们通常会给出如下选项供选择:①比较公平;②符合当地习惯;③有利于保证农户口粮供给;④其他(请说明)。前三个答案是我们可以猜到的,是确定的。当被访问者给出的答案不是前三个选项时,就只能暂时将其答案归为“其他”选项,并记录下具体内容,待数据处理时再重新分类。第四个选项的答案是猜不到,你不知道被访问者会给你一个什么回答。

在实际工作中,究竟采用哪种形式的调查问卷,要视具体情况而定。常规科研项目调研,调查样本数量不是很大,适合采用混合式调查问卷和开放式调查问卷(访谈提纲)。调查样本量很大的普查或抽样调查,适合采用全封闭式调查问卷。比如,全国人口普查、全国土地详查、国家统计局农调队抽样调查和农业部农村固定观察点的固定观察农户调查等,都是样本量特别大的调查,采用完全封闭式调查问卷可以大大节省调查数据处理与分析的时间成本和资金成本。

(二)调查问卷内容

1.封闭式调查问卷与混合式调查问卷内容

封闭式调查问卷与混合式调查问卷,应当包括封面、正文、调查指标解释、调查指标平衡关系和调查注意事项等内容。

(1)调查问卷封面。调查问卷封面,最好包含如下内容:调查主题、问卷编码、受访者姓名、调查员姓名、调查时间、问卷设计单位和设计时间等;问卷编码应当包括省码、县码、乡码、村码、组码、农户码以及其他调查对象码。

(2)调查问卷正文。即所列各类提问,比如填空题、选择题、简答题等。调查问卷正文一定要按逻辑板块设计,将逻辑上密切相关的提问放在同一个部分或者相邻部分。

(3)调查指标解释。调查指标解释非常重要,它的作用在于对调查指标的内涵做出明确界定,不同的解释会导致收集的数据差异极大。比如,调查农户家庭成员就业信息时,会有“常年在外务工”选项。定义或解释“常年在外务工”,要界定清楚两层意思，即何谓“常年”和何谓“在外”。若界定“常年”以6个月（含）以上为界限，界定“在外”是指“本乡镇以外”，那么只有在本乡镇以外工作6个月（含）以上的才能归为常年在外务工。在本乡镇范围内常年从事非农业生产或者常年被其他农户雇用从事农业生产的，就不能统计为“常年在外务工”。再比如，调查农户种植水稻的投工量，投工量计量单位是用“天”还是用“工作日”？若用“工作日”，那么劳动多长时间折为一个工作日，是8小时还是10小时？等等。调查指标解释，可以单独成文，也可放在调查问卷正文里。根据我们的经验，简单的指标解释最好放在调查问卷正文里，方便调查员在填写问卷时参考。复杂的指标解释最好单独成文，需要在培训调查员时详细讲解，并要求调查员记住其准确含义。

（4）调查指标平衡关系。即不同调查指标之间的数量平衡及逻辑关系。所谓数量平衡关系是指某项指标数值等于、大于或者小于其他指标或者其他几项指标数值的和、差、积、商等。比如，农户家庭人口数值大于或等于农户家庭劳动力数值；当年水稻产量等于早稻产量、中稻产量和晚稻产量之和；农户经营耕地面积等于农户承包耕地面积加上转入耕地面积再减去转出耕地面积等。所谓逻辑关系，是指除数量平衡关系外，各个调查指标间的其他关联关系，它通常包括两种情形。第一种情形是受自然规律和技术条件制约，指标数值不得超过某个极值。诸如劳动力一年劳动天数不能大于365天，一天劳动时间不能大于24小时；粮食作物单产受技术条件限制，不能高于某些极值等。第二种情形是包含或排斥关系，选了A就不能选B、选了A就必须选B以及A只能大于或小于某个数值等。比如，若农户家庭成员中有常年外出务工经商劳动力，那么农户家庭就应当有外出务工经商收入[①]；若农户认为耕地承包期限30年为最好，就不能再选择其他诸如15年或50年选项；若农户当年向耕地里施用了猪、牛粪，那么农户要么是自己饲养了猪和牛，要么是从其他途径购买了猪、牛粪，或者二者兼而有之；若农户当年施用了化肥，那么农户当年要么是购买了化肥，要么是当年年初化肥有存量，要么是向其他农户借了化肥，或者三者兼而有之。千万不要忽视调查指标数量平衡及逻辑关系，如果指标间的数量平衡及逻辑关系不成立，最后的数据就不能用，调查也就白做了。

（5）调查注意事项。主要是指调查时要注意的问题，包括调查员的态度、提问方式、问卷填写方式、安全事项等。

本章附件1提供了《进一步改革和完善农村土地制度》课题的农户调查问卷封面和部分正文样式，供读者参考。限于篇幅，这里不提供调查指标解释、调查指标平衡关系及调查注意事项样式。

① 当然，也有例外，即外出务工经商可能不仅没有取得收入，还亏损了。

2. 开放式调查问卷(即访谈提纲)内容

最常用的开放式调查问卷就是访谈提纲。与封闭式调查问卷和混合式调查问卷相比,访谈提纲内容相对简单。访谈提纲应当包括访谈目的、访谈对象、访谈提纲正文、访谈注释与说明以及访谈注意事项等。

访谈目的,就是要让调查员知道此次访谈要实现的总体目标。

访谈对象,是指要访谈谁。访谈对象可以是政府部门、村组干部、传统农户、家庭农场、农业产业化龙头企业、合作社等。如果访谈对象是村组干部、传统农户、家庭农场、合作社等,可以在访谈提纲的开始部分设计一些简单的统计指标,以了解访谈对象的基本情况。

访谈提纲正文,应当明确列出需要收集的统计数据、文字影像资料以及向访谈对象询问的各类提问。

访谈注释与说明,就是在访谈提问里,对所提问题做进一步解释与说明,以使调查人员和受访者准确理解所提问题。

访谈注意事项,主要包括访谈态度、访谈技巧、访谈记录等需要注意的事项。

本章附件 2、附件 3 分别提供了《进一步改革和完善农村土地制度》课题的"县级部门访谈提纲"样式和"农户访谈提纲"样式,供读者参考。

四、调查问卷设计、修改与注意事项

(一)调查问卷初稿设计

设计调查问卷,是为了科学、系统和有效地收集研究项目所需信息。设计调查问卷,要紧紧围绕文献综述后提出的总研究假设和子假设,将验证子假设所需信息转化为一个个具体提问。以《进一步改革和完善农村土地制度》研究项目为例,为验证"农户究竟是愿意调地还是不愿意调地"假设及其子假设(见表 3.2),调查问卷需要收集农户每个家庭成员的年龄、性别、与户主关系、婚姻状况、就业状况、是否有份承包地以及农户的土地资源、非农就业机会、调地意愿等信息;为验证"土地承包期长短对农户土地中长期投入有显著影响"假设及其子假设,调查问卷需要收集农户耕地经营规模、非农就业机会、受教育程度、农民收入水平、村组集体投资、作物种类、承包期长短以及农户对土地长期投入的种类、投资额和投劳(工)数量等信息。依此类推,验证其他假设,还需要获取农户收入水平、农业生产投入、农户家庭固定资产、土地中长期投入、耕地承包及流转、农民负担等诸多信息。对那些不能预知固定答案的问题，宜采用访谈提纲形式，直接列成问答题。

对政府部门交办的工作任务或研究课题，调查问卷设计可简单一点。若调查研究经费有足够保证，也可以设计较为复杂的调查问卷，既完成政府部门交办任务，也写出好的学术文章。我在设计《主产区粮食综合生产能力问题研究》课题调查问卷时，就兼顾了两个目标，既要完成上报领导的调研报告，也要便于撰写学术论文。事后事实证明，我们确实同时实现了上述两个目标。

（二）调查问卷设计注意事项

1. 最好指定专人负责

设计调查问卷，是农村调查研究流程中非常关键的一环，事关研究项目成败，最好指定专人负责。指定专人负责有两大好处：一是增强负责人的责任意识，二是有利于保证调查问卷设计的系统性、完整性和针对性。负责调查问卷设计的人员，要对所研究的领域非常熟悉，对研究假设非常了解，最好有丰富的问卷设计经验。

2. 调查问卷篇幅要适度

调查问卷篇幅不宜太长，也不宜太短。篇幅过长，导致调查访问时间长，最终影响调查质量和效果。篇幅过短，导致必需信息收集不全。根据经验，农户调查和个案访谈时间最好不要超过 2 个小时，调查问卷的篇幅可以根据这个经验值决定。

3. 最好分板块设计调查问卷

所谓分板块设计调查问卷，实质就是对调查研究的问题进行分类，将性质相同的问题或者密切关联的提问放在一起。对问题分类，有两种情形。

第一种情形，将同类问题归为一个板块，这样既有逻辑性、条理性，也方便调查人员和受访人员集中注意力问、答问题。比如，《进一步改革和完善农村土地制度》课题《农户调查问卷》共分为七个部分（或板块）：第一部分是农户基本情况，包括哪年立户、家庭成员个人信息、劳动力就业及收入情况、农户固定资产和收入情况等；第二部分是土地承包情况，包括农户承包地面积和地块情况、农户承包地调整情况、农户承包纠纷情况等；第三部分是耕地转包情况，包括农户转入和转出耕地年份、面积、转让期限、来源与去向、有无书面合同、流转费用、流转意愿等；第四部分是承包耕地投入产出情况，包括农户承包地短期投入和长期投入情况；第五部分是耕地非农征占情况，包括国家征收和村组集体征占耕地用途、补偿、征占用过程等；

第六部分是农户对有关耕地政策的意愿，包括对“30 年不变”、“增人不增地、减人不减地”和“大稳定、小调整”政策以及机动地政策和耕地流转政策的理解和看法等；第七部分是农民负担情况，包括农业税、“三提五统”、义务工、积累工和共同生产费用等。

第二种情形，将应由某个政府部门或社会组织回答的问题归在同一个板块，这样方便调查对象填写调查问卷。比如，将应由县农经部门、县农业局、县财政局和县社保局回答的问题分别放在第一、第二、第三和第四板块。当然，也可以是针对单个政府部门或社会组织，单独设计调查问卷。

4. 让政府部门填报各类数据，必须注意统计指标和统计口径的一致性

调研政府部门，我们经常会接触到两类调查数据，一类是统计局系统数据，另一类是业务主管部门统计数据。需要由政府部门填写的调查问卷，问卷设计的统计指标与统计口径，要与统计局系统或业务主管部门的统计指标与统计口径一致。即使不一致，也要能从统计局系统或业务主管部门的统计指标中分离或者合并而来。如果调查问卷设计的指标与上述两类系统指标不一致或者无法从中分离或合并，政府部门就无法填报所需数据。之所以必须这样做，有两个原因，一是政府部门只能提供合法统计数据；二是政府部门不会因为某项课题调研或专项调研而重新统计数据，重新统计数据的成本非常高。

5. 提问要有针对性和目的性

无论是封闭式调查问卷还是开放式调查问卷，每个提问都必须与研究假设密切相关，以便用最少时间成本和费用成本获得最多、最有价值的信息。

6. 封闭式提问要精准、科学、易懂

调查问卷提问必须精准、科学、易懂。否则，就会引起歧义。比如，想询问农户 2016 年耕地流转面积，如果直接问“2016 年你家流转耕地多少亩”，这种提问就不精准、不科学。转入耕地农户会告诉你转入耕地面积数据，转出耕地农户会告诉你转出耕地面积数据，既有转入又有转出耕地的农户不知道应当告诉你哪个数据。对于这个例子，精准、科学、易懂的提问方法，应当是一拆为二，即 2016 年你家转入耕地多少亩和 2016 年你家转出耕地多少亩？

7. 封闭式提问要能直接回答

对于一问一答的提问，问题提出后，调查对象应当马上就可以回答。比如，想

获取农户 2016 年家庭纯收入信息，若提问为“2016 年你家全年纯收入为多少元?”，农户无法直接回答。这个提问存在如下三个明显缺陷：一是很多农民不知道纯收入是什么含义，具体包括哪些收入和支出；二是即使有农民知道纯收入含义，也要花很长时间去估算纯收入数据；三是在这种面对面调研情形下估算纯收入，很可能重算或漏算，导致数据不准确。对于这个提问，有两点改进建议：一是将农户家庭全年纯收入改为农户家庭全年现金收入；二是由问一个合计数据变为询问多个分项数据。比如，询问农户出售粮食作物、经济作物、蔬菜、林产品、果品、畜牧产品、水产品等各类农副产品的现金收入和农户从事工业、商业、运输业以及外出务工等非农行业取得的现金收入。若调研主题其他调查事项不多，可询问农户家庭早稻、中稻、晚稻、小麦、玉米、苹果、柑橘、黄瓜、小白菜等每种农产品产量、出售价格等信息。调查完成后，将这些分项信息录入电脑，发几个指令就可以计算出农户全年现金收入。

8. 选择题供选答案内涵不能交叉

选择题有单项选择与多项选择之分，无论是单项选择还是多项选择题，供选择答案内涵必须独立，不能相互交叉和重叠。比如，你认为耕地承包期应该为多长?供选答案应为：①3～5 年(含)；②6～15 年(含)；③16～30 年(含)；④30 年以上。若供选答案为：①3～5 年；②5～15 年；③15～30 年；④30 年以上，四个选项界限不清晰，内涵有交叉。再比如，2016 年你家是从哪儿转入耕地? 很多人会习惯性地给出如下供选答案：①本村民小组；②本行政村；③本乡镇；④本县市；⑤本省；⑥外省，在 6 个答案选项中，除第五、六两个选项内涵相互独立外，第一至五个答案选项有相互包含关系。科学、准确的供选答案应为：①本村民小组；②本村外组；③本乡外村；④本县外乡；⑤本省外县；⑥外省。

供选答案内涵相互交叉和包含，会直接影响调查数据质量，很容易误判调查对象真实意愿及其提供的真实信息，进而获得错误结果并做出错误判断。在写作本书过程中，刚好接触到一个供选答案内涵相互交叉影响分析结果的实例(专栏 3.1)，这里提供给读者参考。

专栏 3.1　一个供选答案内涵相互交叉影响分析结果的实例

写作本书期间，我协助他人处理过一项调查数据。该项调查在全国 13 个省、区进行，共调查了 2 000 多户农户。调查问卷由 40 多个选择题(大部分为单选题)组成，其中就有一个选择题的供选答案存在交叉与重叠。

该项提问为：你认为这次确权登记颁证后证书管多久？备选答案有四项：①________年；②至二轮承包期结束；③永久；④其他________（请说明）。很明显，备选答案①和②内涵有交叉。比如，农户所在村组于 1998 年实行耕地二轮延包 30 年，到 2015 年承包期已过 17 年，剩余期限还有 13 年。我们假设农户的真实意思表达为“至二轮承包期结束”，即还有 13 年，那么农户该如何勾选答案呢？有些农户可能直接选择选项②，有些农户可能直接选择选项①并填上“13”，还有些农户可能会先向调查员或有关负责人详细了解准确含义后做选择。当农户询问调查员或有关负责人时，调查员或有关负责人可能也蒙了，他们也没有预计到会出现这种情形。

这项选择题的数据汇总结果为：1 894 个有效样本农户中，选择①、②、③、④的样本分别为 36 户、854 户、578 户和 76 户；填写 5 年、10 年、12 年、13 年、15 年、20 年、25 年、30 年、50 年和 70 年的农户分别为 6 户、63 户、3 户、14 户、1 户、8 户、5 户、237 户、6 户和 7 户。一般地，人们会将填写具体年份的农户都计入选项①。如果你真这么处理，你就犯错了，你很可能误解了部分农民真实意愿。比如，填写 10～15 年的那些农户，其真实意愿可能是到二轮承包期结束，因为他们离二轮承包期结束的时间刚好是 10～15 年。特别需要关注的是，有 237 户农户填写了 30 年，占有效样本总量的 12.5%，他们的真实意愿很可能是选选项②，即至二轮承包期结束，因为二轮承包期为 30 年，所以他们就填写了 30 年。这些农户在填写或者回答提问时，都不可能想到他们的实际意愿会被研究人员误解。他们本意为至二轮承包结束（即证书有效期低于 30 年），当他们填写或者回答了“30 年”后，误解就产生了，证书有效期为 30 年。

9. 选择题供选答案不宜太多

选择题供选答案过多，有两个缺陷：一是很难保证供选答案内涵独立、不交叉，二是受访对象容易受不必要的干扰，使其难以做出选择、真实表达意思。

以试验办 1996—1997 年组织实施的《深化农村土地制度建设试验研究》为例，调查问卷中有一个提问为“你希望耕地承包期为多长”，供选答案为：①15 年以下；②30 年；③50 年；④75 年；⑤100 年；⑥永久[①]。数据汇总结果与课题组事先设想有很大差异，为进一步确保结果的准确性，课题组不得不针对这个问题在两个试验县组织一次补充调查（不调查对比县主要是为了节省费用），补充调查去掉了“100

① 与前面的例子不同，这 6 个供选答案不存在内涵交叉问题。

年”和“永久”两个选项。表 3.3 结果显示，由于可供选项数量差异，两次调查的结果也有很大差异。比如，第一次调查选“15 年以下”的农户比例为 20.4%，第二次补充调查选“15 年以下”的比例仅为 9.4%，后者比前者降低了 11 个百分点；第一次调查选“50 年”的农户比例为 9.4%，第二次补充调查选“50 年”的比例达到 25.5%，后者比前者提高 16 个百分点。不过，两次调查数据均表明，多数农户希望承包期限更长一点。第一次调查有 55.6%的农户选取了最长承包期限“永久”，第二次补充调查有 52.7%的农户选取了最长承包期限 75 年。

表 3.3　两个试验县两次调查结果对比

<table>
<tr><th rowspan="2">承包期选项</th><th colspan="2">第一次调查</th><th colspan="2">第二次补充调查</th></tr>
<tr><th>户数(户)</th><th>百分比(%)</th><th>户数(户)</th><th>百分比(%)</th></tr>
<tr><td>15 年以下</td><td>102</td><td>20.4</td><td>47</td><td>9.4</td></tr>
<tr><td>30 年</td><td>63</td><td>12.6</td><td>62</td><td>12.4</td></tr>
<tr><td>50 年</td><td>47</td><td>9.4</td><td>128</td><td>25.5</td></tr>
<tr><td>75 年</td><td rowspan="2">10</td><td rowspan="2">2</td><td>264</td><td>52.7</td></tr>
<tr><td>100 年</td><td>—</td><td>—</td></tr>
<tr><td>永久</td><td>278</td><td>55.6</td><td>—</td><td>—</td></tr>
<tr><td>合计</td><td>500</td><td>100.0</td><td>501</td><td>100.0</td></tr>
</table>

注：找到的原始数据分析报告只列出了第一次调查“75 年”和“100 年”两个选项的合计数，原因是选取为两个选项的农户样本数很少，分开计算没有多大意义。

10. 额外信息可补充性

有些提问答案选项不可穷尽，需要使用“其他”选项。除了提供“其他”选项外，最好要求文字说明，即“其他”究竟代表什么意思。比如，本章附件 1 中的第 30 题。附填文字说明，主要是便于后期数据处理时对“其他”选项重新进行分类统计。

11. 设置调查指标的数量平衡与逻辑关系

较为复杂的调查问卷通常都包括多个板块和很多提问，不同提问的答案之间很可能存在数量平衡及逻辑关系[①]。设置调查指标的数量平衡与逻辑关系时，既

① 调查指标数量平衡及逻辑关系情形见第 52 页。

要设置调查问卷某个部分内的调查指标数量平衡与逻辑关系，也要设置调查问卷不同部分间的指标数量平衡与逻辑关系。

12. 要高度重视调查指标解释及调查注意事项

对于内容复杂的调查问卷，一定要单独编写调查指标解释和调查注意事项，以方便调查员遇到问题时及时翻阅、即时解决问题。那种认为只要设计好调查问卷正文内容，指标解释及调查注意事项无关紧要的观点是错误的，会给后续实地调查和数据准确性埋下隐患。

13. 访谈提纲正文提问要有紧密的逻辑关联

这种逻辑关联体现在两个方面。一是所有提问必须与研究假设密切相关，无关信息不要问。二是各个提问之间要有逻辑层次关系，这样既便于调查人员向访谈对象提问题，也便于访谈对象在回答问题时遵循相关的逻辑关联，不至于一会儿问这、一会儿问那，影响访谈对象正常思维。

14. 访谈提纲正文提问应当对相关事项做出规定、注释、说明或提示

出于篇幅和访谈对象听、记能力考虑，提问篇幅不宜过长，需要对提问做出某种程度的综合归纳。综合归纳后会产生新问题，调查员和受访对象对相关提问可能产生误解和歧义。为解决这个难题，通常在正文提问里对相关事项做出规定、注释、说明或提示。本章附件 2 的开放式访谈提纲，多数提问正文都对相关事项做出了规定。专栏 3.2 提供了两个提问正文对相关事项做出提示的例子。

专栏 3.2　《乡镇职能问题研究》访谈提纲正文提问与提示

提问一：2007 年您乡镇办了哪几件大事？效果如何？（找党委书记、乡镇长或了解情况的人谈）

［提示：重大事件包括招商引资、农业生产结构调整、农业产业化、基础设施建设、公益事业建设、土地流转、重要制度改革与建设（包括乡镇机关重要制度改革与建设等）］

提问二：2006 年、2007 年乡镇本级财政收入与支出情况（2006 年财政报表或由财政部门估算）。

（提示：财政收入包括本级税、费收入和上级财政转移支付收入；上级财政转移支付收入需列出明细；财政支出应当列出人头支出、业务经费支出等）

(三)调查问卷修改注意事项

1.最好开会集中讨论修改调查问卷

调查问卷初稿完成后,需要对问卷初稿进行多次修改。调查问卷修改,可以开会集中讨论修改,也可以发给个人由每个人单独提出修改意见。我个人的建议是,最好开会集中讨论修改,这种方式既有利于个人充分表达其意见或建议,也有利于课题组集中意见或建议,还有利于参会人员相互启发、相互探讨,提出更好的修改建议。

2.让参加问卷修改人员明确目的

通常,参加问卷修改讨论人员,主要包括课题组组成人员、外聘专家及政府部门工作人员等。让参加问卷修改人员明确目的,有两层意思。一是让外聘(请)专家、学者了解研究项目的目标和研究内容,以便他们提出更有针对性的修改意见。二是让所有参加问卷修改人员明确问卷各个提问(或至少是主要提问)的目的,以便找到更加合适的提问表达方式和精准的备选答案。

3.最好由问卷初稿设计人负责记录修改意见

修改调查问卷初稿,最好由问卷初稿设计人负责记录修改意见。当参加问卷修改人员对于同一个问题存在争论时,要把不同的意见全部记录下来。需要注意的是,在讨论过程中,有些人不是很善于表达,其意见很容易被忽视,记录人要将他们的意见完整记录下来供课题组修改参考。

4.充分考虑所有人的意见

调查问卷修改会议结束后,负责人在修改和完善调查问卷时,必须充分考虑每个参会人员提出的逐条修改意见,对每条意见对执行本项研究的作用及其科学性、合理性做出客观评估,最后决定取舍。要特别注意的是,不能仅根据意见或建议提出人的名望或职位高低取舍意见或建议。

附件1　《进一步改革和完善农村土地制度》农户调查问卷样式

(一)农户调查问卷封面

________省　□□

________县　□□

________乡/镇　□□

________村　□□

________组(社/队)　□□□

农户码　□□□

土地问题农户问卷

受访者姓名____________

调查员姓名____________

调查日期____年____月____日

农业部农村经济研究中心

1999年8月

(二)农户调查问卷部分正文

A:第 1 页

调查开始时间:________时________分

第一部分:农户基本情况

1. 你家是哪年单独立户的?

①□□年

②不知道

2. 1998 年家庭人口情况(至 1998 年 12 月 31 日)

表 1

人码	与户主关系	性别	年龄	婚姻状况	受教育情况		主要职业	是否有份承包地	没有承包地的原因
					程度	年数			
	1. 户主 2. 配偶 3. 子女 4. 媳婿 5. 孙子女 6. 父母 7. 祖父母 8. 兄弟姐妹 9. 其他(请说明)	1. 男 2. 女		1. 已婚 2. 未婚 3. 离婚 4. 丧偶	1. 文盲 2. 小学 3. 初中 4. 高中 5. 中专 6. 大专 7. 本科及以上		1. 在家以农为主 2. 在家以非农为主 3. 外出打工 4. 学生 5. 军人 6. 民办教师 7. 医生 8. 国家干部(含合同制和离、退休干部) 9. 其他(请说明)	1. 是 2. 否	1. 非农业户口 2. 计划外生育 3. 没有赶上本轮调地 4. 排队没轮到 5. 劳教人员 6. 主动放弃 7. 其他(请说明)
1									
2									
3									
4									
5									
6									
7									
8									
9									
10									

B:第 4 页

6.3 家庭用耐用消费品

表 6

名称	台数	原价(元)	名称	台数	原价(元)
1.电视			8.煤气灶		
其中:彩电			9.洗衣机		
2.电扇			10.冰箱		
3.缝纫机			11.组合家具		
4.自行车			12.VCD 机		
5.录音机			13.电话		
6.沙发			14.空调		
7.摩托车			15.其他		

7.农户家庭经济类型

7.1 你家纯收入中来自农业的比例为________%

7.2 你家非农收入主要来自:(只问来自农业的收入比例低于 90%的户,可选多项)

①本地乡镇企业工作

②本地干个体工商户

③本地办私营企业

④外出打工(包括在外地搞个体工商户和办私营企业)

⑤其他(请说明)____________________

8.1998 年农户家庭现金收入情况(单位:元)

8.1 1998 年农业生产经营现金收入

8.1.1 出售粮食现金收入________

8.1.2 出售经济作物现金收入________

8.1.3 出售蔬菜现金收入________

8.1.4 出售林产品现金收入________

8.1.5 出售果品现金收入________

8.1.6 出售畜牧产品现金收入________

8.1.7 出售水产品现金收入________

8.1.8 出售其他农产品现金收入________

8.2　1998年农户家庭二、三产业及其他收入情况

8.2.1　从事工业生产现金纯收入________

C:第14页

第四部分:承包耕地投入产出情况

23. 土地短期投入

23.1　从13.4题可知该户是否能按地块区分出口粮田和责任田

①是＝ ＝ ＝ ＝ ＝ ＝》23.2题

②否＝ ＝ ＝ ＝ ＝ ＝》23.3题

23.2　1998年口粮田和责任田上主要作物投入产出

表16

类型	主要作物品种	播种面积 亩	播种季节 月份	总产 斤	产品单价 元/100斤	用工量 个	种子费用 元	亩施化肥 单位:斤							农药 元	地膜 元	排灌费 元	机耕费 元	机收费 元	雇工费 元	其他费 元
								碳铵	硝铵	尿素	磷肥	钾肥	复合肥	其他肥							
口粮田	代码____																				
	代码____																				
责任田	代码____																				
	代码____																				
单价：元/100斤																					

＝ ＝ ＝ ＝ ＝ ＝》24题

23.3　1998年承包地上主要作物投入产出

表17

主要作物品种	播种面积 亩	播种季节 月份	总产 斤	产品单价 元/100斤	用工量 个	种子费用 元	亩施化肥 单位:斤							农药 元	地膜 元	排灌费 元	机耕费 元	机收费 元	雇工费 元	其他费 元
							碳铵	硝铵	尿素	磷肥	钾肥	复合肥	其他肥							
代码____																				
代码____																				
单价：元/100斤																				

24. 土地长期投入

24.1　从 13.4 题可知该户能否按地块区分出口粮田和责任田

①是 ＝ ＝ ＝ ＝ ＝ ＝》24.2 题

②否 ＝ ＝ ＝ ＝ ＝ ＝》24.4 题

D:第 20 页

第六部分:农户对有关耕地政策的意愿

27. 你是否知道“耕地承包期 30 年不变”这一政策?

①知道＝ ＝ ＝ ＝ ＝ ＝》27.1 题

②不知道＝ ＝ ＝ ＝ ＝ ＝ 》29 题

27.1　你是通过什么渠道知道的?

①乡、村、组干部传达

②通过新闻媒介知道的

③从亲朋、邻居那里听说的

④其他(请说明)__________

28. 你是如何理解“耕地承包期 30 年不变”这一政策的?

①是指家庭承包经营责任制 30 年不变,但在这期间土地可以进行大调整

②是指家庭承包经营责任制 30 年不变,但在这期间土地可以进行小调整

③是指 30 年内不再调整土地

④其他(请说明)____________________

29. 你认为承包期内是否应该根据人口变化调整承包耕地?

①应该＝ ＝ ＝ ＝ ＝ ＝ 》30 题

为什么? ____________________

②不应该＝ ＝ ＝ ＝ ＝ ＝ 》34 题

为什么? ____________________

30. 在以下哪些条件下,你同意不调地?(可选多项)

①耕地按现有人口均分

②耕地按现有人口和预测人口综合分配

③通过动账不动地的办法来解决人地矛盾

④在保留承包权的情况下,农民可以自由转包土地

⑤如果你家人口减少,不减少你家耕地

⑥主要负担项目不按人头摊

⑦允许土地承包权入股、抵押

⑧国家和集体帮助增加非农就业机会

⑨其他(请说明)____________________

⑩任何条件我都不同意

30.1　你认为以上哪几个条件最重要? ________

31. 你是否赞成在承包期内实行“大稳定、小调整”的政策

①赞成＝ ＝ ＝ ＝ ＝ ＝ 》32 题

②不赞成＝ ＝ ＝ ＝ ＝ ＝ 》36 题

为什么? ____________________

32. 如果对土地“大稳定、小调整”政策做出如下具体规定,你是否赞成?

32.1　规定“小调整间隔的时间不得少于 5 年”,是否赞成?

①赞成

②不赞成

③说不清

E:第 24 页(最后一页)

47. 你是否了解村里的财务情况

①了解

②不太了解

③不了解

48. 村干部是不是经过选举产生的?

①是＝ ＝ ＝ ＝ ＝ ＝》48.1 题

②否＝ ＝ ＝ ＝ ＝ ＝ 》调查结束!

48.1　选举是否真正民主?

①是

②否

谢谢您的合作!

调查结束时间:________时________分

附件2　《进一步改革和完善农村土地制度》县级部门访谈提纲样式

县级部门访谈提纲

一、县级部门访谈的目的

主要是了解县级有关土地政策和统计数据，为村级调查和农户调查提供背景材料。此项调查主要涉及土地承包主管部门、统计部门和土地管理部门。

二、县级部门访谈的主要内容(供参考)

1. 收集相关数据

主要包括1998年县级农经报表数据(合计数)和统计部门的农调数据，特别注意收集最近一年农产品生产成本和收益核算数据。

2. 收集相关文件

自实行家庭承包责任制以来，县级有关土地承包的文件和管理办法；县级有关土地承包问题的调查材料。

3. 自承包制以来全县土地调整情况

全县统一做过几次土地大调整，分别是在哪年；是否有搞“两田制”的地方，是否有搞规模经营的地方。

4. 前一轮土地承包情况

包括：(1)全县的土地承包是否可分为几大类；各类型的主要做法和特点。(2)承包期内所处理过的典型的土地承包纠纷案例。(3)是否有书面承包合同；承包合同的主要内容。(4)土地转包的类型，补偿办法。(5)该轮土地承包政策的执行情况及其所引发的问题。

5. 新一轮土地延包情况

包括：(1)县级有关土地延包的文件。(2)新一轮土地延包工作中所出现的主要问题；对这些问题的处理办法。(3)新一轮土地承包，全县是否可以分成几大类；各类型的主要做法和特点。

6. 土地征用情况

向县土地主管部门了解一下1998年农村土地征用的情况(主要根据报表)。包括：(1)共有多少起、各类土地的面积、用途、征用价格等。(2)在征地过程中，是否有纠纷发生。(3)产生纠纷的原因及处理情况。

7.交流对中央有关农村土地政策的看法

若对方愿意,可与其交流一下对中央现行农村土地政策和土地长期投入问题的看法。包括:(1)耕地承包期30年不变;机动地问题;两田制问题;规模经营问题;增人不增地、减人不减地;大稳定、小调整等政策的可操作性。(2)耕地承包期的长短,是否会影响农户对土地的投入;是否会影响对土地的长期投入;列举出影响农户对土地长期投入的主要因素;当地农户对土地一般采取哪几种长期投入措施。

附件3 《进一步改革和完善农村土地制度》农户访谈提纲样式

农户访谈提纲

一、农户访谈的目的

主要是为了更深入、更详细地了解和记录问卷调查表无法获取的信息和无法准确描述的行为,并最终形成若干典型素材和案例分析材料。

二、农户访谈的要求

1.注意访谈方法和技巧,让农民说真话。

2.当农民对某一问题的看法与现行政策不一致时,要详细问清其原因。

3.尽量避免与农民闲聊一些与本调查无关的问题。

4.每访谈一户农户,要有详细的现场记录,事后随即重新整理。

5.要求文字清晰,内容全面,特别注意影响因素分析。

三、农户访谈的主要内容(供参考)

1.有关农户自留地的情况

主要包括:(1)该户自留地是何时分的、是几个人的、分为几块,面积为多少,当时新出生的人口是否也要补分自留地。(2)大包干前,自留地主要是用来做什么的?当时主要种植何种作物?是否要承担相应的义务?(3)搞大包干时,自留地是否变动过?是如何变动的?(4)大包干后,自留地主要是起什么作用?(5)自留地与承包地相比,哪类土地更稳定?在种植作物方面是否与承包地有不同。(6)在投入方面,特别是长期投入方面农户对待自留地和承包地是否有什么不同,为什么?

2.农户和集体对承包地的权利

主要包括:(1)请详细列出农户和集体分别应该有哪些权利。(2)你所在的村是否发生过集体收回承包户土地的事件？是谁？（请跟踪作案例调查，对事件的全过程及结果作详细描述）。(3)由于土地归集体所有，集体是否有权随意调整承包地？(4)近两年内乡、村干部是否要求你必须种植某作物？其理由是什么？你是如何看待这件事的？你又是如何处理和应付的？这样做对你的生产经营和收益的影响如何？

3.农户承包地调整情况

主要包括：(1)每次土地调整的原因、面积、土地的来源及去向。(2)每次土地调整的过程描述。(3)农户对每次调地的看法和认可程度。(4)农民预计下次土地调整的时间，其依据是什么？

4.土地纠纷情况

主要包括：(1)该户是否与他人（或他单位）发生过土地纠纷，何种纠纷，发生的原因。(2)纠纷发生、处理的过程及结果。(3)双方对处理结果的满意程度。

5.耕地互换、转入与转出情况

主要包括：(1)该户土地互换的次数、各次面积、目的、用途及过程。(2)该户转出土地的原因、次数、面积、补偿方式及整个交易过程。(3)该户转入土地的原因、次数、面积、补偿方式及整个交易过程；在对待转入地与自己的承包地上是否有区别？(4)你所在的村土地转入和转出现象是否普遍？其原因分别是什么？(5)该户转入或转出土地时，是否经村组集体同意；有没有必要必须经村组集体同意。

6.土地长期投入情况

主要包括：(1)该户进行过何种土地长期投入，为什么会这样做。(2)集体是否给予补偿，是否与其他农户一起合作进行长期投入？(3)调地时原来土地上的长期投资是如何处理的？农民的看法如何？

7.耕地非农征用情况

主要包括：(1)征用的面积、用途、补偿情况、谁征用的。(2)耕地征用的过程。(3)你对征用土地的看法。

8.农户对土地承包政策的看法

主要包括：(1)土地应该归谁所有？(2)土地承包期应该多长？是不是越长越好？承包期越长，农民是否就越会增加对土地的长期投入？(3)应该由谁决定承包期？(4)每次土地承包时，承包期是如何定出来的？(5)是否应该留机动地？机动地数量是怎么定出来的？

9.调查中新发现的问题

第四章 试调查、调查问卷定稿与调查员培训

一、试调查

(一)试调查及其目的

所谓试调查,就是完成调查问卷初稿并经多次修改基本定稿后,选几个调查点去填写调查问卷和访问调查对象。若正式调查对象类型多样,试调查也要兼顾到各种类型的调查对象。

试调查有三个目的:一是验证调查问卷的可操作性,包括提问的精准性、可答性、复杂性和调查时间长短等;二是检验调查问卷有无重大遗漏;三是找出需要进一步修改、调整和完善的方面及具体提问。

(二)试调查发现调查问卷设计存在重大遗漏、缺陷和不妥的例证

我们的经验证明:对需要进行大样本调查的调研项目而言,试调查必不可少,它能帮助发现和有效解决调查问卷设计中存在的重大遗漏和缺陷。

1.《进一步改革和完善农村土地制度》试调查发现的重大遗漏和缺陷

(1)试调查发现遗漏了村民小组这个层级。在调查问卷初稿设计和修改完善阶段,我们设计了行政村、农户两份调查问卷和县级部门、农户两份访谈提纲,并先后召开课题组成员和专家、学者咨询会议 5 次,对 2 份调查问卷和 2 份访谈提纲进行多次修改和完善。调查问卷和访谈提纲修改工作完成后,我与部分课题组成员先后到河北和湖南两省(一北一南)各选了 2 个县、6 个村(共计 4 个县、12 个村)进行试调查。在河北试调查,所选样本村都是以行政村为单位组织耕地 30 年承包、流转和长期投入事项,填写行政村调查问卷比较顺利。在湖南试调查,我们遇到了麻烦。湖南所选样本村其下属的村民小组还是一个独立层级,各村民小组独立决定其土地发包、流转和长期投入事项。以耕地承包期限为例,少部分样本村全村统

一 30 年，多数样本村由各村民小组自己决定承包期限。比如，有一个试调查样本村有 20 多个村民小组，有的村民小组承包期限为 30 年，有的 15 年，有的 10 年，还有的 5 年；承包期限为 10～30 年的村民小组中，有规定 3～5 年小调整一次的，有年年要进行小调整的，有个别村民小组甚至规定 3～5 年大调整一次；承包期为 5 年的村民小组中，有规定 5 年后大调整的，也有规定每年都按增减人口先后顺序依次进行小调整的。以行政村为单位设计的调查问卷，不适合湖南样本村情况，湖南样本村各村民小组耕地承包期限、流转和长期投入事项存在巨大差异。尽管调查问卷设计与修改过程中有很多专家、学者参加，但没有一个人提出增加村民小组调查问卷的建议。试调查结束后，我们向课题组建议增加村民小组调查问卷，课题组最后采纳了我们的建议。后来的事实证明，增加村民小组调查问卷的建议非常合理、有效，完全符合我国农村实际情况。课题调研 6 个样本省中，除河北省外，陕西、安徽、四川、湖南和浙江等 5 个省、10 个县的 30 个样本村，都完整保留了村民小组设置。我本人依据 90 个村民小组（每个村调查 3 个村民小组）调查数据，完成了《农村承包地调整》论文，该文后来发表于《中国农村观察》（2003 年第 1 期）。其他研究报告和论文也都用到了村民小组调查数据。若不进行试调查，遗漏了村民小组这个层级，除河北外的其他五省调查都需要进行补充调查，会浪费大量时间和资金。

（2）试调查发现农户在自我认定收入档次时习惯选择低档次。本项研究需要分析土地中长期投入问题，农户对土地进行中长期投入受很多因素影响，比如承包期长短、集体统一中长期投入、农户经济实力等。因此，我在起草农户调查问卷初稿时，拟用农户家庭纯收入和农户家庭固定资产两项指标反映农户经济实力。在调查问卷修改过程中，有些专家认为收集农户家庭纯收入数据非常困难，并列举了三个理由。一是农民纯收入是官方统计指标，农民并不知道纯收入内涵，也不知道如何计算纯收入。二是我国农户普遍没有记账习惯，即便知道如何推算纯收入，也会因为基础数据不全而难以估算。三是推算农户家庭纯收入会耗费大量调查时间，影响其他提问的调查进步和质量。为此，他们建议将收集农户家庭纯收入数据，改为由农户自我认定（或评价）其收入水平在所在村的档次，供选档次分为五档，即高收入水平、中等偏上、中等、中等偏下和下等。考虑到这种改变可以有效缩短调查时间，课题组采纳了这项建议，将原来收集农户家庭纯收入数据改为由农户自我认定收入档次。在试调查过程中，我们发现农户普遍比较愿意选择中等或中等偏下两个档次，很少有选择中等偏上的，高收入档次基本没人选。我们亲眼看到有些农户家里建了两三层小洋楼，房间装修和家具、家用电器设备都很好，他们也只认可自家收入在当地属中等水平。这可能与中国的文化传统有关系，农民不愿意露富或者过于谦逊。试调查结束后，我们向课题组反映了让农户自我认定收入档次办法的缺陷。经过充分讨论，课题组认为不应当采纳让农户自我认定收入档次的办法。相对于核算纯收入，核算农户现金收入更容易。课题组最后决定，将收集农户家庭纯收入改为收集农户现金收入和现金支出数据，并且采取分项收集现金收入与支出数据的办法，合计数据待数据录入完成后由软件自动计算。比如，农业生产经营现金收入中，农户需要提供出售粮食作物、经济作物、蔬菜、林产品、果品、畜牧产品、水产品和其他农产品现金收入。事后经验证明，改成核算农户现金收入的办法是合适、有效的。农户对当年从事农业和非农业各项经济活动取得的现金收入与现金支出数据记忆清晰，对当年存粮和欠债数额也没有任何顾虑，但当问及存款时还是有所顾虑的。

2.《主产区粮食综合生产能力问题研究》试调查发现的缺陷与不妥

(1)试调查发现主要农作物生产用工量统计方法和计量单位均不妥当。由于该项研究资助经费充足，课题组计划既要实现委托方向国务院主要领导报送决策参考材料的目标，也要做点学术研究。为此，需要收集详细的农户主要农作物生产投入数据，包括用工、种子、肥料、农药、地膜、灌溉、机耕、机收等方面的投入量及费用。从过往文献看，在农业用工方面，人们通常用农户家庭劳动力数量、农户在家务农劳动力数量、农户家庭成员从事农业劳动天数等指标代表农业劳动投入。根据我多年跟随父母从事农业生产的经验和对农村实际情况的了解，用上述指标代表农业劳动投入并不科学。首先，农户劳动力用在不同的单项生产经营活动中。农户既从事农业又从事非农业，既种粮食作物又种经济作物，既种水稻又种小麦和红薯。其次，农业生产季节性强，农业劳动力经常出现季节性剩余和短缺，农闲时外出打工，农忙时回家务农。再次，在农忙季节，劳动力不足的农户可以通过雇工来解决劳动力短缺问题，多劳力农户的劳动力可能受雇于少劳力农户，或干脆给少劳力农户帮忙。最后，农户非劳力家庭成员也常常参加农业生产劳动，农忙季节更是如此。既然不科学，为什么还经常被采用呢？主要原因在于官方统计资料不提供农业劳动投入数据，用上述指标代替也就成了没有办法的办法。在设计农户调查问卷初稿时，我决定改变用农户家庭劳动力数量、农户在家务农劳动力数量、农户家庭成员从事农业劳动天数等指标代表农业劳动投入的办法，改用“用工量”代表农作物农业劳动投入，“用工量”的计量单位为“天”。之所以采用“用工量”指标，有两个原因：一是相比农户家庭劳动力数量、农户在家务农劳动力数量或农户家庭成员从事农业劳动天数等指标，“用工量”指标更接近实际；二是想借此机会检验一下农户家庭劳动力数量或农户在家务农劳动力数量与农业实际用工量有无显著正相关关系。如果农业实际用工量与农户家庭劳动力数量或农户在家务农劳动力数量指标不是显著正相关，那么用农户家庭劳动力或农户农业劳动力等指标代替农业劳动投入就不科学。调查问卷修改过程中，课题组对采用“用工量”指标代表农业劳动投入没有提出异议。

试调查过程中，有农户在回答这个问题时向我们提出如下系列疑问：第一，劳动多长时间为 1 天或 1 个工作日，是 8 小时还是 10 小时？他们告诉我们，南方双抢季节 1 天劳作时间都是 10 多个小时，农闲季节 1 天工作时间又不足 8 小时，有些人到地里转一圈东看看西看看也是 1 天。第二，如果用机械耕种、收割，又该如何折算？机耕比牛耕效率高，机收比人工收割效率高。第三，农业生产与工业流水线生产不同，劳动过程断断续续，早晨去水稻田里施肥，上午天气热去旱地除草，下午天气凉爽又去给水稻喷药，这又该如何分别分类计算？根据试调查农户反映的问题，我们对“用工量”统计方法和计量单位做出如下修改：一是按农作物生产过程先后顺序分别计量翻地、播种、插秧、施肥、喷药、收获等各环节的用工，再加总；一是“用工量”指实际劳作时间，计量单位为“个”，实际工作 8 小时为“1 个工作日”。

事后经验证明，先计算农作物各生产环节用工量再加总，得出该作物总劳动投入的方法是科学的。事后经验还证明，用农户家庭劳动力数量或在家务农劳动力数量代表农业劳动投入量不科学。我们利用湖北和江西两省样本农户调查数据进行分析发现，水稻每亩用工量与农户家庭劳动力数量和在家务农劳动力数量都没有显著相关关系①。

(2)试调查发现农户无法直接回答农作物各类化肥施用总量。设计农户调查问卷初稿时，我采用的是直接询问农户每种农作物各类化肥施用量。比如，直接询问早稻碳酸氢铵、尿素、磷肥、复合肥等各类肥料施用量。在修改农户调查问卷时，有人认为我的办法太复杂，建议改为直接询问农户当年年初各类化肥库存量、当年购买量和年末存量，将年初库存量加当年购买量后再减去年末存量，即可计算出当年农作物化肥施用量。这样改的好处有两个，一是农户能回忆起这 3 个数据，二是可以节省调查时间。不过，很快有人提出质疑。我国农户种植结构多样，既有诸如水稻、小麦、玉米等粮食作物，也有诸如烤烟、油菜、棉花等经济作物，还有诸如蔬菜、果树等其他农作物，这些农作物都需要施用化肥，上述改法无法甄别各类农作物当年究竟使用了多少化肥。最后还是决定采用我原来的办法。试调查过程中，当我们直接询问农户早稻各类肥料施用量时，绝大多数农民无法直接回答，而是先

① 廖洪乐，《中国南方稻作区农户水稻生产函数估计》，《中国农村经济》2005 年第 6 期。

估算翻地时每亩施用了多少底肥，后来每亩又施用了多少面肥，再乘以早稻面积，最后给出早稻施肥量。根据这一发现，我们改变了原来农户调查问卷收集农作物施肥量的方法。一是改原来直接询问各类农作物化肥施用总量为直接询问各类农作物各类化肥亩均施用量；二是建议调查员与农户一起计算每个生产环节各类肥料施肥标准，然后再加总。事后经验证明，做出这两项改变非常合适、有效。

3.《乡镇职能问题研究》试调查发现的重大缺陷与不妥

根据研究内容，该项研究需要收集农户对农业生产服务状况和服务水平的评价信息。在调查问卷初稿里，我们设计了如下提问：你对乡镇政府农技部门提供的种植业生产技术服务满意吗？你对乡镇政府畜牧部门提供的畜牧业生产技术服务满意吗？你对乡镇政府农机部门提供的农机服务满意吗？调查问卷初稿完成后，我们到江西一个乡镇进行了试调查。试调查发现，农户很难客观、准确地对乡镇政府农技、畜牧、农机等农业部门的服务做出满意或不满意评价，主要是基于以下四个原因。一是被调查农户没有获得过乡镇农业服务部门服务，他直接从县农业服务部门获得服务；二是被调查农户只接受了部分机耕或机收服务，他对机耕服务满意，对机收服务却不满意；三是不同农户对满意和不满意把握程度有差异，相同的服务水平，有些农户满意，有些农户不满意；四是农户获取服务的途径多种多样，即使是农户家庭内部同一项服务，也有可能是由不同服务者提供的（比如，某农户有5亩水田，有2亩从私人农机手那儿获得收割服务，有3亩是从政府农机部门获得收割服务）。因此，评价农户对乡镇政府农业服务部门服务满意程度，既要区分各个服务环节，也要掌握对比非政府部门服务满意程度。试调查完成后，我们对调查问卷有关农户对乡镇政府农业技术服务部门农业生产服务满意程度问题，做了如下两方面重大修改。第一，将农业服务区分为农作物服务和畜牧业服务两大板块；第二，由农户对两大板块各环节的服务情况进行评价。比如，在农作物生产服务方面，主要调查各类农作物种子购买途径、种子质量好坏；耕犁地服务获取途径、是否收费、服务是否满意；播种（插秧）服务获取途径、是否收费、服务是否满意；收割服务获取途径、是否收费、服务是否满意；产品销售服务获取途径、是否收费、服务是否满意；乡镇农技部门提供的育种、育苗、施肥指导和病虫害防治服务及其效果等。在畜牧业生产方面，主要调查各类家禽家畜生产养殖技术、疫病防治和产品销售服务等环节的服务提供、收费及满意程度。事后经验证明，做出上述两方面重大修改是正确的。

4.《农村邮政服务发展方向、目标与路径研究》试调查发现的重大缺陷与不妥

(1)试调查发现基层邮政投递邮路不按行政区划设置。我1990年大学毕业后被分配回老家乡政府工作,名副其实地成为一名乡干部,对乡镇党委、人大、政府机构职能及其日常运作模式很熟悉。除乡镇机关外,与乡镇信用社、粮站、供销社、食品站等机构也会因工作关系有接触。邮政系统实行“准军事化”垂直管理,我所在的乡政府没有设立邮政所,只有区公所所在地设有邮政所。在承担邮政研究项目前,我对邮政的认识只限于订、送报纸、杂志和信件,其他一无所知。在过去多年的农村实地调查中,我们习惯于按行政区划组织农村调查,比如以县、乡、村或组为单位组织农村调查。受惯性思维影响,在设计邮政调查问卷初稿时,我也想当然地认为基层邮政投递员在投递邮件时按行政区划分片投递,比如,一个投递员包揽一个乡镇的某大片区或几个行政村的邮件投递。由于对基层邮政业务不熟悉,我们采用了“边设计调查问卷、边试调查”办法,即先将自己熟悉的研究内容转化为调查问卷和访谈提纲,与此同时,对农村基层邮政企业和员工进行试调查。邮政研究项目共进行了两次试调查,一次是利用春节回老家探亲机会进行试调查,另一次是专门到河北进行试调查。两次试调查,完全否定了我原来的惯性思维。农村基层邮件投递有固定邮路,邮路设置不是依据传统行政区划,主要受历史传统和投递方便程度两大因素影响。一条邮路可能跨好几个乡镇,而非一个乡镇;一个乡镇有好几条邮路,这些邮路设置不按通常意义上的东、南、西、北划定,而是依据交通线路行走方便程度划分。由于基层邮政投递线路不按传统行政区划划定,实地调查选取用邮企业和用邮农户样本时也必须弃用传统行政区划概念,改用依据邮路选取调查样本。这给我们带来了挑战,我们不能像以前那样以行政区划分单位选取调查样本。事后经验证明,最好的办法就是由调查员跟着邮政投递员一起走,随机选取调查样本,这完全有别于我们熟悉的传统选样方法。

(2)试调查发现邮政企业除从事普遍服务业务、快递业务和金融业务外,还从事农资和日用品配送服务。无论是在国家邮政局讨论村邮站建设问题,还是后来我们查找到的与邮政服务有关的学术文章,我们对邮政的了解就是普遍服务、快递业务和金融业务,这三项业务是邮政企业的主流业务。因此,邮政企业调查问卷、乡镇政府机构和企业调查问卷、行政村调查问卷、用邮农户调查问卷和投递员调查问卷的主要内容,也是紧紧围绕上述三项业务展开。两次试调查都发现,乡镇基层邮政投递员除承担普遍服务与快递业务外,还会花费大量时间从事农资与日用品

配送服务，特别是农资配送服务。为做好农资配送服务工作，一些市县邮政企业专门设立了农资配送服务部门，有些村邮站业务也主要是农资配送。农资配送服务与普遍服务两项业务在人力、物力调配方面存在相竞关系。为此，课题组决定将农资与日用品配送服务纳入调查范围。事后经验证明，将基层邮政农资与日用品配送服务纳入调查是合适的和有效的。

二、调查问卷定稿与印刷

(一)调查问卷正文定稿

试调查结束后，需要结合试调查发现的问题，对此前已经多次修改的调查问卷正文进行修改和完善。需要修改和完善的内容，主要包括三个方面：一是补充被遗漏的重大问题。如有必要，应当增设新的调查问卷和新板块。二是对有缺陷的问题进行重大修改。三是对一般问题予以完善。比如，完善调查指标、完善提问方式、完善答案选项以及完善访谈提问的注释与说明等。

(二)调查问卷其他部分定稿

调查问卷正文最终定稿后，还需要对指标解释、指标平衡关系、新增调查方法以及调查注意事项等内容进行最终的修改和完善。

1. 修改和完善指标解释

主要包括两方面工作：一是根据试调查的发现和调查问卷最终稿，增加新的指标解释，删除淘汰旧的指标解释。二是根据试调查发现和调查问卷最终稿，修改原有指标解释。

2. 修改和完善指标平衡关系

主要包括三方面工作：一是重新核定新增指标之间的平衡关系，二是重新核定新增指标与原有指标之间的平衡关系，三是重新核定原有指标之间的平衡关系。

3. 新增调查方法说明

根据试调查发现，有些指标数值的获取需要采用新方法，要对这些新调查方法予以说明。比如，估算每亩水稻生产投工量，就要依据水稻生产工序逐环节推算用工后再加总得出，即先估算每亩水稻犁田、耙田、插秧、施面肥、喷药、收割等环节用工后再加总。

4.修改和完善调查注意事项

根据试调查发现，新增调查注意事项。

(三)调查问卷印刷

经校对确认调查问卷的封面、正文、指标解释、平衡关系、注意事项及其他需要说明的文字等均已无任何错误后送去印刷。印刷数量要比实际调查样本量稍多一点，主要是用于应付调查过程中出现损坏、丢失和接待单位留用等情形。

三、调查员培训

(一)外聘调查人员

农村实地调查，规模可大可小。有可能是个人单独进行，也有可能是组织多人同时进行。组织较大规模农村实地调查，仅靠课题组成员往往不够，需要外聘调查人员。在过去的20多年里，我们外聘调查人员主要是来自大学和科研院所的博士、硕士研究生，有时也有大学教师和科研院所研究人员。根据我们的经验，从大学和科研院所招聘研究生进行农村实地调查，被招聘人员最好能满足如下几个条件。

第一，为人诚实，做事踏实。在农村实地调查过程中，外聘调查人员要单独承担调查任务，单独上门访问访谈对象，课题组或调研组负责人不可能去现场观测、跟踪和监督其调查进程。这就要求外聘调查人员诚实、可靠，严格按照相关要求进行调查。遇到问题及时向课题组或调研组负责人反映，不能为赶调查进度而采用各种办法走捷径。农村实地调查工作枯燥、乏味，要求外聘调查人员要耐得住寂寞，踏踏实实完成调查任务。

第二，专业背景与调研内容一致或者相近。农村实地调查，需要调查者具备相关领域专业知识。只有调查者具备了这些专业知识，他才能有效应对实地调查过程中出现的各类问题。调查人员缺乏专业背景，其调查很难成功。

第三，最好有农村实地调查的经验。除具备相关专业知识，农村实地调查还需要调查人员具备一定的调查经验。比如，如何让受访对象信任自己、如何处理调研过程中受访对象提出的各类敏感问题、如何应对外围环境干扰等。

第四，最好是农村生源。相对而言，农村生源学生更了解农业、农村和农民，更能适应农村工作、生活环境和农民生活方式，也更易于与调查对象沟通。

第五，去南方农村调查时，最好选当地生源。与北方不同，南方方言多样，北方学生很难听懂南方方言。在我自己带队进行农村实地调查时，有好几次遇到过北方学生听不懂南方方言情况，不得已只好给他们配上当地语言“翻译官”。

第六，调研时间要有保证。一般而言，我们组织的农村实地调研要去多个地区，外聘调查人员最好能参加所有调研，这样有利于保证工作质量和工作进度。

(二)调查人员培训

1.培训准备工作

在对调查人员进行培训前，课题组要做好训前准备工作。训前准备工作包括如下几个方面。第一，将调查问卷及相关背景材料发给调查人员特别是外聘调查人员，让他们提前了解相关内容。第二，确定培训采取何种方式。是传统的课堂讲解方式，还是集体讨论方式，或者是二者兼而有之。第三，确定主讲人和主讲内容。一般而言，调查问卷设计与修改主要负责人应当确定为主讲人，因为他对调查目的、调查问卷内容都是最为了解的。第四，确定培训地点、培训时间和相关注意事项，并通知调查人员。第五，最好准备合适数量的笔和纸，供参训人员记录使用。

2.培训内容

(1)训前善意提醒。培训正式开始前，一定要提醒参训人员认真记录培训过程中讲解和讨论的各类问题。

(2)介绍研究背景和工作内容。主要是向外聘调查人员介绍研究项目的研究背景、研究内容以及农村实地调查范围等，以方便调查人员从宏观上把握调研目的，提前预判调研任务，为接下来的问卷讲解与讨论留下想象空间。

(3)调查问卷内容讲解与讨论。根据我们的经验，封闭式调查问卷和混合式调查问卷一般应由主讲人逐题讲解，每讲完一个问题后由调查人员讨论，并及时解决他们提出的疑问[①]。主讲人讲解时，要把调查问卷每个问题的指标含义、目的和数据收集方法等内容都讲清楚，尽量激发调查人员提出问题，提出的问题越多越好。对于访谈提纲，要重点讲解设立提问的目的、背景、访谈过程中可能出现的各种情形应对等。

(4)介绍实地调查方法。就是要让调查人员了解和掌握农村实地调查所采用

① 我们曾经尝试过由外聘调查人员分别主讲不同部分，但效果并不理想。

的方法，比如，采用随机抽样时如何抽取调查样本，采用典型调查方法时如何确定典型调查对象，采用农村快速评价法时如何选择调查对象，邀请哪些政府部门进行座谈等。

（5）介绍农村实地调查技巧与建议（详见第五章建议部分）。

（6）强调工作纪律。比如，要听从课题组带队负责人的安排，有问题随时向带队人员反映，不能从事调研以外的其他工作，不能违法违规，不能向调查对象许诺办理办不到的事情等。

（7）培训结束后再次温习。

（8）为外出调查人员购买意外伤害保险。外出调研，难免出现意外，为外出调查人员购买意外伤害保险可以降低风险和减少不必要的麻烦。

第五章　问卷调查与农村实地调查

一、问卷调查

(一)问卷调查及目的

所谓问卷调查,就是通过某种特定方式或渠道获取调查问卷所需数据与信息。问卷调查的目的只有一个,就是获取调查对象的真实数据与信息。组织问卷调查的关键在于,让调查对象提供真实数据与信息。让调查对象提供真实信息,需要具备如下三个前提条件:第一,调查对象必须知道真实数据与信息;第二,调查对象自己愿意提供或说出其知道的真实数据与信息;第三,调查环境不得妨碍调查对象提供或说出真实数据与信息。

(二)问卷调查分类

1.按组织主体分:委托他人调查和自己组织调查

委托他人调查,就是将调查问卷委托给第三方调查,由第三方根据商定调查方式或以其擅长的调查方式获取调查数据与信息。第三方可以是专业调查公司,可以是政府专业统计调查机构,也可以是经过培训并能完成调查任务的自然人。

自己组织调查,就是课题组或者研究小组自己组织人员直接获取调查数据与信息。

2.按组织方式分:电话访问调查、邮寄问卷调查和实地调查

电话访问调查,就是通过电话向调查对象询问相关数据与信息。现实生活中,城市调查和商业调查比较多地采用电话访问调查。

邮寄问卷调查,就是将调查问卷邮寄给调查对象,由调查对象直接填写相关数据与信息。我们课题组曾于2009年与国家邮政局普遍服务司共同组织过全国未通邮乡镇抽样调查,调查对象为乡镇党政主要领导,那次抽样调查就是以邮寄问卷调查

方式进行。事后事实证明，那次邮寄问卷调查的问卷回收率和调查效果都不错。

实地调查，就是直接到调查对象常住地或工作地面对面访问调查对象，以获取相关数据与信息。

根据我们的经验，若时间和经费充足，最好还是自己组织实地调查，其他调查方式或多或少易受制于更多不可控因素，进而影响所获数据与信息的准确性。比如，委托调查很难监控第三方调查行为，有可能出现第三方偷懒。电话访谈和邮寄问卷调查需要调查对象对所询问的问题有充分、准确的理解，否则，很可能获得错误的数据或信息。为此，本章将重点介绍农村实地调查[①]。

二、农村实地调查组织流程

（一）与接待单位或个人联系调查事宜

正式进行实地调查前，须先与接待单位或个人联系相关调查事宜[②]，联系的方法可以是发通知、发函或者电话告知等。一般而言，通知带有行政命令色彩，上级机构联系下级机构时常采用下发通知形式。函带有协商性质，多适用于同级单位或行政上无隶属关系单位间联系相关事项。电话告知，多适用于与个人直接联系。实际工作中，发通知、发函常常与电话告知结合使用，比如，通知或者函发给接待单位后，补充事项可电话告知。

通知和函的内容要简单、明了，一般须写明如下事项：调研背景、目的、内容、调研范围与对象、调研日程、参加调研人员及联系人等。附件 1 和附件 2 分别提供了我们为农村邮政发展调研项目[③]和乡镇职能调研项目写作的调研通知、调研函的初稿，附件 3 列出了邮政调研项目具体日程安排。

需要强调的是，在给接待单位发调研通知或函时，最好将需要政府相关部门提供的材料清单和政府部门访谈提纲一并发给接待单位，以便接待单位能告知政府相关部门提前准备有关数据、文件资料等，这样既可确保调研质量，也可节省调研时间。

---

① 在本章，“调查”与“调研”是一个意思。由于“调查”含有“检查”和“查问题”的意思，而调研只是掌握和了解实际情况。为避免歧义，我们在很多地方用“调研”替代“调查”。

② 通常，在正式联系相关调查事宜前，要询问接待单位或个人是否愿意接待，若对方不愿意接待就得另找其他单位或个人，直到找到愿意接待的单位或个人为止。

③ 为了让省邮政监管部门和市县邮政企业有时间提前准备相关材料，邮政调研项目提前下发通知。在调研组确定具体调研日期后，再向省邮政监管部门发送调研日程安排。

(二)与地方政府相关部门座谈

1.座谈时间

调研组到达调研省、市县后,通常会与接待单位或当地政府相关部门进行一次座谈。座谈时间,视调研目的和调研内容而定,可长可短,可先可后。所谓可长可短,是指座谈会持续时间可长可短。所谓可先可后,是指可以先开座谈会再下基层调查,也可以先下基层调查再开座谈会。

(1)座谈会持续时间,可长可短。大体可区分为三种情形。第一,若调研目的和调研内容主要是想了解和收集乡村基层单位和农户数据与信息,与省、市县政府部门座谈时间可短一点,甚至可能只需要半个小时或一个小时就够了,也就是与省、市县相关政府部门领导礼节性地见一面,并索要相关书面材料即可。第二,若调研目的和调研内容主要是想了解和掌握省、市县面上数据与信息,与省、市县政府部门座谈时间就要长一点,与政府相关部门座谈1～2天都属正常。比如,当调研主题较为宏观时,省、市县相关涉农单位诸如农业、畜牧、水产、林业、农经、农口综合部门、水利、国土、粮食、供销、发改、财政、农业综合开发、统计、社保、公安、综合治理、卫计、银行和信用社等,都有可能参加座谈会,提供与自己主管行业相关的数据与信息,并表达他们自己的关切、看法和建议。第三,若调研目的和调研内容是既要掌握省、市县面上数据与信息,也要掌握乡村基层和农户数据与信息,与省、市县政府部门座谈时间也会长一点,座谈1～2天也是正常的。

(2)座谈会可先可后。究竟是先开座谈会再下基层调查,还是先下基层调查再开座谈会,主要取决于调研组对调研主题熟悉程度和调研工作性质。若调研组主要成员对调研主题不是很熟悉,最好先召开座谈会;若调研组主要成员对调研主题很熟悉,座谈会可先可后。若调研资料仅供学术研究之用,座谈会可先可后;若调研成果将形成决策报告,座谈会可先可后,但调查结束后最好能与地方政府相关部门就调研成果或结论进行一次沟通,以倾听他们的看法与建议。

2.座谈方式

与政府部门或机构座谈,大体有两种方式。一种方式是先由政府部门或机构汇报,待汇报结束后,再由调研组成员提出自己感兴趣的问题或疑问;另一种方式是政府部门或机构汇报与调研组提问同时进行,即先由政府部门汇报,调研组成员在汇报过程中发现问题或有疑问可随时提出,汇报人当即做出解释和说明。当然,两种方式也可以结合起来，比如，先是边汇报边提问，待汇报结束后再提出新的疑问。

如果参加座谈的部门或机构不多，将所有参加座谈会的部门或机构合在一起座谈即可。如果参加座谈的部门或机构多，最好分组座谈，即根据参加座谈部门主管工作的相关性或关联性，将其分为2～3个小组，调研组成员分工负责各小组座谈，这样可以提高工作效率。分组座谈时，各座谈小组要有相对封闭的场所，以免相互影响。

3. 座谈记录与材料收集

座谈会开始前，调研组最好指定专门记录人员，记录座谈过程中出现的重要信息、提问与解释。若条件允许，最好带上录音设备。座谈过程中，调研组的提问人要详细记录自己所提的问题以及对方给出的解释和说明，以便会后整理。座谈会结束后，调研组一定要主动收集参加座谈部门或机构准备的纸质汇报材料，并让他们指定调研事务联系人，留下联系人的联系方式，以方便后续联系。

（三）选定调查地点和调查对象，并确定调查行程

座谈会结束后，调研组应当与接待单位或相关机构共同商定落实调查地点、调查对象和调查行程等事项。选定调查地点和调查对象，既要遵照调研项目本身要求（比如，按好、中、差或其他相关指标确定调查地点和调查对象），也要听取接待单位或机构的建设性意见。需要指出的是，选定调查地点和调查对象是相对的。通常，省级选定调查市县，市县选定调查乡镇和属于市县级政府管理的机构，乡镇选定调查行政村和本行政区域内的机构，到了行政村一级可以选定村民小组和调查农户。在确定最终调查对象时，如果研究项目有性别要求的，一定要注意选定调查对象男、女比例。比如，在访问农户时，要求被访问对象有20%的女性。

调查行程，包括调查人员由住宿地到达调查对象所在地的路线、交通工具及时间等。调查行程，应当由调研组与接待单位或机构共同协商确定。

（四）调研组内部分工及分配调研任务

选定调查地点和调查对象后，调研组内部应当分配调研任务。比如，农户调查、典型案例访谈等分别由谁负责，每个调查员1天要完成多少调查任务等。根据我们的经验，封闭式调查问卷相对简单，最好交给调研经验不是很丰富的人员填写。开放式访谈对访谈人员要求较高，它既需要访谈人员熟悉访谈主题，也需要访谈人员有广泛的知识，还需要访谈人员有丰富的访谈经验与技巧。因此，开放式访

谈最好由调研组核心成员负责。

除明确调查人员调研任务外，调研组还应当明确谁做协调人。协调人主要负责解决调查人员调研过程中遇到的各类问题，比如，指标解释与界定、调查对象更换及调查过程中遇到的其他问题。通常，调研组实际负责人最适合担当协调人角色。此外，还要确定当地领路人，即由谁带领调研人员走访调查对象。一般情况下，走访农户时，领路人最好是村组干部；走访乡镇机构时，领路人最好是乡镇干部。

（五）走访调查对象

调研任务分配完成后，调查人员可在领路人带领下走访调查对象。混合式调查问卷，宜采用一问一答形式，即调查人员提问、调查对象回答、调查人员填写问卷或者将调查对象提供的其他信息记录在卷。调查人员在走访调查对象时，有很多需要注意的问题或者技巧，我们将在后文一一介绍。

（六）每天调查结束后集中讨论与交流

每天调查结束后，调研组要集中所有调查人员讨论当天调查过程中遇到的问题，或者交流调查感想与心得。比如，调查问卷所提问题是否准确、易懂；若有歧义，如何采取补救措施？调查问卷所给答案选项是否合适，若有差异，如何调整？调查中遇到什么有趣事情或情况？如何更好地让调查对象配合调查等。

若确需对调查问卷或调查指标做出修改的，调研组负责人要及时做出决策，统一进行调整，确保今后所有调查问卷填写都按调整后的事项执行。若有多个调研组在同时进行调研，还需将调整事项告知其他调研组。

（七）与其他调研组保持正常联系与沟通

有时候，调查会同时在好几个地方展开。在这种情形下，各调研组必须随时保持正常联系与沟通，以便统一解决实地调查所遇到的各类问题与困难。

（八）调查访谈结束后与地方政府部门交流

若有必要，调查访谈结束后最好与地方政府部门进行一次交流，既向他们汇报调研组的调研发现与建议，也听听他们的观点和看法。

（九）开展补充调查

若调查完成后发现调研数据有问题，或者调研分析结果与最初调查或原有假设有很大差异，就有必要开展补充调查。我们在完成《深化农村土地制度建设试验研究》和《主产区粮食综合生产能力问题研究》课题正式调查后，都进行过补充调查。

三、农村实地调查方法

（一）普查法

所谓普查，就是对总体无一遗漏地进行调查。比如，人口普查、农业资源普查等。普查的优点是，能获取所有调查对象的相关信息，能全面、准确反映总体情况。普查的缺点是要花费大量人力、物力和时间，成本高。通常，研究项目只采用普查以外的其他方法。不过，普查数据可以用来为研究项目服务。

（二）抽样调查法

所谓抽样调查，就是先从总体中抽取部分样本进行调查，再根据抽样调查结果去推断总体。抽样调查法，是农村实地调查中最为常用的方法。抽样方法有很多，我们不作详细介绍。这里，仅以《进一步改革和完善农村土地制度》研究项目为例，介绍我们曾经采用过的抽样调查方法。该研究项目样本选取采用分层抽样和随机抽样两种方法。选择省、县、乡、村、村民小组时，用分层抽样方法；村民小组内选择样本农户，用无关标志排队等距随机抽样法。

第一，根据经验选省。选取调研省份时，兼顾了如下几个因素。一是以农业大省为主兼顾非农业大省，二是兼顾东、西、南、北，三是兼顾不同作物种类，四是兼顾农地制度类型。最终，课题组选取了河北、陕西、安徽、湖南、四川、浙江作为样本省份。

第二，选取样本县。每个省选 2 个样本县。主要依靠省级相关统计资料，根据农民人均收入、人均耕地资源、农作物种植结构、地形及第二轮 30 年延包工作的进展情况确定样本县。比如，一般是选 2 个中等收入水平的县或一个高收入水平县和一个低收入水平县；2 个人均耕地面积居中的县或一个人均耕地面积多的县和一个人均耕地面积少的县；二轮延包工作做得好的县和做得差的县各一个。本项调查共选取了 12 个样本县市（名单见第一章）。

第三，选取乡镇与行政村。依据县级统计资料，把乡村人均耕地面积、农民人均收入、作物种植结构、离县城的远近及 30 年延包工作情况等综合起来，每个县选取 3 个乡，每乡选 1 个行政村。

第四，行政村内选组。若所选行政村各村民小组第二轮土地承包期期限均为

30 年，则根据村干部意见按照人均耕地面积和农户经济富裕程度来选出不同类型的村民小组；若所选村各村民小组第二轮土地承包期限不一样，则主要根据承包期的长短选出不同类型的村民小组。每村选取 3 个村民小组。

第五，村民小组内选取样本户。根据各村民小组提供的农户（或农民负担分摊）花名册，进行等距随机抽样，每组选取 7～8 户农户。比如，样本组共有 40 户农户，需抽取 8 个样本户。先是根据花名册将样本户编号为 1～40，然后将总体分为 8 个小组，每个小组 5 户农户。若在第一小组随机抽取 3 号为样本户，则第二小组应抽取 8 号为样本户，依次为 13 号、18 号、23 号、28 号、33 号和 38 号农户。若被选中的户不在家或无能力回答问题，则代之以紧临其前或紧临其后的农户。河北省 6 个行政村内部没有村民小组，其样本农户是以行政村为单位抽取的。

通过以上方法，我们共选取了 6 个省、12 个县、36 个乡的 36 个样本村（指行政村）、90 个样本组（指村民小组，不含河北省）和 824 户样本户。

如果在进行第五步“村民小组内选取样本户”时村组不能提供农户花名册，调研组可按如下两种方法编制所有农户花名册。第一，根据该村组家族姓氏排序编制花名册。按家族人口多少排序，先排人口最多或人口最少家族；同姓家族内部按户主年龄大小排序。第二，根据农户居住位置编制花名册。可根据东、南、西、北排序，也可根据农户居住地离村中心位置由远至近或由近至远排序。编制好农户花名册后，再进行等距随机抽样。

（三）典型调查法

所谓典型，是指某群类个体中有代表性的个体，你了解了典型个体，也就了解了这类个体的总体特征。因此，农村实地调查中，常常采用典型调查方法，对典型个体进行调查。与抽样调查相比，典型调查有两个特点：一是样本数量少，二是可以进行更为深入的调查和了解。典型与群类个体数量多少无关，个体数量多的群类有典型，个体数量少的群类也有典型。典型是相对的，主要取决于研究主题和研究内容，它可以是自然人，可以是法人，也可以是村或村民小组等。比如，若调研主题是农地承包“30 年不变”政策执行和承包地调整问题，那么那些有代表性的行政村或村民小组就是典型，有些村组因成功执行“30 年不变”政策成为典型，有些村组因未执行“30 年不变”政策成为典型；若调研主题是新型农业经营主体培育问题，那么有代表性的种养专业大户、家庭农场和（专业）合作社就是典型。

关于抽样调查与典型调查的关系，在实际调研工作中，有两种倾向需要避免。

一种倾向是只注重大样本抽样调查，认为典型调查没有代表性，没有意义。另一种倾向是只注重典型调查，认为大样本抽样调查劳民伤财，调查若干典型就可推知其所在总体。经济学背景浓厚的学术研究机构和学者很容易产生前一种倾向，政府机构和政府官员很容易产生后一种倾向。政府机构和政府官员偏爱典型调查，有两个原因。一是没有充分认识到抽样调查的广泛性和科学性；二是虽然认识到了抽样调查的广泛性和科学性，却因调研时间有限，不得已只能进行典型调查。社会学也很重视典型调查，重视对个体进行解剖和研究。至于为什么不能用典型调查代替大样本调查？根本原因在于人们事前无法判断调查的典型个体是不是真的能代表其所在群类特征。根据我 20 多年的调研经验，抽样调查与典型调查不仅不矛盾，而且二者相互补充。抽样调查采用大样本调查，有代表性；典型调查可弥补抽样调查的不足，取得抽样调查难以获取的非常有价值的信息，为抽样调查结论提供更加充分的依据。这里，提供 2 个让我印象深刻的典型调查案例（专栏 5.1），它们足以证明典型调查的重要性。

专栏 5.1　两个典型调查提供了非常有价值的信息

典型调查案例 1：乡村干部不让他调地，他偏要调地，出乎我们的意料

中央政府于 1992 年提出农地承包"30 年不变"政策，这项政策在有些地方执行得比较好，有些地方执行得不太好。根据农业部调查，截至 1996 年底，在已延长土地承包期的村中真正将承包期固定为 30 年不变的村不足 30%[①]。我们曾假设有些地方"30 年不变"政策执行不到位，根本原因在于乡村干部不愿意执行这项政策，因为调地对乡村干部有利。1999 年，我们对湖南省宁乡县新桥村五组的典型调查（见附件 4）告诉我们，我们的假设并不完全与事实相符。首先，1981—1996 年间，该组基本上年年都有小调整，农民已习惯了根据人口变化调整土地的做法，这点与我们的预期相吻合。其次，尽管乡村干部强烈要求该组严格执行"30 年不变"政策，反对 30 年承包期内再进行土地调整，但该组仍坚持 30 年承包期内要每隔 5 年调整一次，最后村里没办法，只好让极力主张 5 年要大调一次的邓子乔担任组长，而且要一任五年，五年后由他负责组织调整承包地。这与我们"乡村干部想调地"的假设相反，完全出乎意料。最后，从邓子乔家人口结构看，30 年承包期内不调地对他家更有利，但他却偏偏坚持对自己不利的方案主张调地，这也出乎我们意料。

① 引自农业部 1997 年《中国农业发展报告》第 52 页，中国农业出版社。

典型调查案例2:家庭农场主告诉我们何谓"家庭农场"

2013年中央1号文件提出了4项扶持专业大户和家庭农场发展的政策措施①,要落实扶持家庭农场政策,必须先界定何谓"家庭农场",专业大户与家庭农场有何区别。2013年,农业部将家庭农场定义为"以家庭成员为主要劳动力,从事农业规模化、集约化、商品化生产经营,并以农业为主要收入来源的新型农业经营主体",并要求对符合七项条件②的家庭农场进行调查、统计③。此后,很多地方在制定家庭农场认定标准和处理家庭农场工商登记注册时都依据农业部提出的七项条件。也就是说符合上述七项条件的,可以到工商部门办理登记注册为家庭农场。2013年年初,我们到福建福清进行新型农业经营主体培育问题调研,期间,我走访过一个家庭农场,农场主的回答简单、明了,却让我对专业大户与家庭农场的区别有了清晰认识。我去调查的时候,该家庭农场刚在当地工商部门登记注册完毕,此前他是一个专业大户,共经营近400亩耕地。当我问他已经是专业大户了,为什么还要去工商部门办理家庭农场登记时,他说出了其中的奥妙。他告诉我:由政府认定的专业大户登记为工商部门注册的家庭农场,主要是为了经营方便。在工商部门登记成家庭农场,有两大好处。一是登记为家庭农场后可以为客户开具正规发票,便于拓展业务。专业大户,只得到政府主管部门认可,不是法人,不能开具正规发票,种出来的农产品只能卖给不需要发票入账的商贩,无法与城镇大中型超市对接,因为他们都需要发票。二是登记为家庭农场,更容易获得商业信用,进而有利于拓展市场。他举例说,假若他想到某大城市大型超市开辟农产品专供点,超市方最关心他是否有足够生产规模、是否能常年供货以及供货质量有无保证。尽管他是一个拥有400亩耕地的专业大户,但他拿不出足够证据证明他确实拥有400亩耕地经营权。

① 即新增农业补贴资金向专业大户和家庭农场倾斜;鼓励和支持承包土地向专业大户和家庭农场流转;采取奖励补助等多种办法,扶持专业大户和家庭农场;加大对专业大户和家庭农场经营者培训力度等。

② 七项条件分别为:(1)家庭农场经营者应具有农村户籍,即非城镇居民。(2)以家庭成员为主要劳动力,无常年雇工或常年雇工数量不超过家庭务农人员数量。(3)以农业收入为主,农业净收入占家庭农场总收益的80%以上。(4)经营规模达到一定标准并相对稳定。从事粮食作物的,租期或承包期在5年以上的土地经营面积达到50亩(一年两熟制地区)或100亩(一年一熟制地区)以上;从事经济作物、养殖业或种养结合的,应达到当地县级以上农业部门确定的规模标准。(5)家庭农场经营者应接受过农业技能培训。(6)家庭农场经营活动有比较完整的财务收支记录。(7)对其他农户开展农业生产有示范带动作用。

③ 这里请一定注意,农业部只是要求各地调查和统计符合七项条件的家庭农场。到地方后,许多地方都将其理解为只有符合这七项条件的才能登记为家庭农场。

在工商注册成为家庭农场后，他就可以向超市方出示有关资料，证明他确实有400亩耕地经营权，而且超市方还可查看他与农户签订的土地流转合同，获知他有几年经营期限，进而打消超市方顾虑。退一步讲，即使超市方相信他的口头承诺，经营规模有保证。等超市方实地考察时，还会面临问题。他带超市方到他流转的承包地上顺便东指指、西指指，超市方也难以相信他，因为超市方对流转地块不熟悉，根本就不知道哪块地是他拥有经营权的流转土地，哪块地不是。在工商登记注册后就不一样了，超市方完全可以凭他与农户签订的流转合同，逐地块加以核实。

从这位农场主的回答中，我真正理解了专业大户与家庭农场的区别。二者根本区别不在于规模大小，而在于是否在工商登记注册。更进一步，用经营规模作为注册登记家庭农场的一个条件也是不妥当的。经营规模达到50亩可以登记注册为一个家庭农场，经营规模为49.5亩或者45亩就不能注册登记，也没有道理。当然，作为行业主管部门，对适度规模家庭农场进行政策扶持是可以的。因此，有必要对家庭农场进行重新定义。我个人认为，所谓家庭农场，就是以家庭成员为主要劳动力的农业经营主体。按不同标准，家庭农场可分为不同类型。按专业化程度分，家庭农场可分为专业化家庭农场和兼业化家庭农场；按经营规模分，可分为小规模家庭农场和中等规模家庭农场；按是否注册分，可分为注册登记的家庭农场和未注册登记的家庭农场。

（四）案例调查法

所谓案例调查，就是对单个人、单个机构或者单个事件进行的调查。案例调查与典型调查最大的区别在于：典型调查对象往往具有代表性，它能代表某类群类，调查结论可以推到整个群类；案例调查对象可能属于某个群类，它可能代表某个群类，也可能不代表某个群类。当案例调查对象可以代表某个群类时，案例调查就是典型调查，也就是通常所说的典型案例调查。案例调查对象也可能是个独特的个体，不属于任何一个群类。实地调查过程中，若调查人员发现某个事件很有意思并且与调研主题密切相关，最好将它作为一个案例进行专门调查。这个案例可能是个典型案例，具有代表性；也可能就是一个独特的个案，没有代表性。

2002年，在河北临漳县调研乡村财政与公共管理问题时，我们听说有些村打破村民小组界限调地。村民小组内部调地很常见，但跨村民小组调地还是头一回遇见。由于土地调整属村民自治的公共管理事务，与调研主题密切相关，我觉得有必要对这个事件进行专门调研（见附件5）。我走访了相关当事人，比如，当时的村支部书记和 5 组组长等人。我的调研发现,该村先后进行过两次跨村民小组土地调整:一次是 1989 年因各村民小组人均土地面积差异大跨组调整土地,一次是 1998 年因修建村道路占地跨组调整土地。若当时只调查 1989 年跨村民小组调整土地,它就只能是个案例调查。到目前为止,十六年过去了,我也没有见过第二个这种因人均耕地面积差异跨村组调地的案例。若当时只调查 1998 年因村修建道路跨村民小组调整土地,它就是个典型(案例)调查,因为它有代表性,全国有很多村组都会因修建道路进行跨村民小组调地。我们的案例调查同时调查了两次跨组调地,因此,它既是案例调查,也是典型(案例)调查。

在我调研该村跨村民小组调整土地案例的同时,朱守银研究员对该村修建村内公路事项做了案例调查(见附件 6)。朱守银的调研,对 E 村修路背景、决策过程、经营预算和组织管理等事项进行了详细描述。从民主决策过程、经费预决算过程和组织管理过程看,该村对修建村内公路的管理都算得上是"良治"和"善治",其经验值得推广,这也是一个典型案例,很有代表性。

(五)座谈法

座谈法,是最为常用的一种农村实地调查方法,它既适用于调查县乡政府、村组自治组织以及公司、企业等法人机构,也适用于调查农户。座谈法的最大特点是,参加调查的对象较多,调查人员必须观察和记录所有参加座谈人员的言行。前文提及的普查、抽样调查、典型调查和案例调查,真正参与的只有调查对象自己,调查人员也只观察和记录调查对象本人的言行。

与县乡政府部门座谈方法,前文已有详细介绍。相对于与县乡政府部门座谈,与村组干部或农民的座谈,最大的不同在于前者需要准备文字材料,后者一般不需要准备文字材料。调查人员将村、组长或者农民召集到一起,就可直接座谈。

根据我们的经验,与村、组长或者农民座谈,可以有三种方式。第一种是调查人员主导座谈。调查人员提问题、控制座谈进展、控制场面秩序、记录每个人的观点和看法;参与座谈人员主要是回答或讨论相关提问。第二种是调查人员引导座谈。调查人员提出主要问题,座谈期间适当控制节奏,参加座谈的人员充分自由讨论,调查人员观察和记录座谈人员的言行。第三种是以参加座谈的人员为主的座谈。调查人员在提出研讨主题和研讨纪律及注意事项后,任由参加座谈的人员自由讨论、争论,调查人员主要在旁边观察和记录各位发言人的态度、观点、看法以及提出的新问题。

(六)农村快速评价法(RRA)

农村快速评价方法(Rapid Rural Appraisal),最先用于农村发展援助项目,主要是为了能够快速掌握和了解农村项目区第一手资料,推动项目快速和有效执行。后来,这一方法被社会科学学者应用到社会科学领域,比如,对农村社会政策进行评估时采用农村快速评价法。

2000年,我作为中方咨询专家参加世界银行机构发展基金资助项目《农村土地制度改革的发展与完善》。同年5月底6月初,与美国华盛顿大学农村发展所咨询专家普罗斯特曼教授等人一起赴安徽阜阳进行了为期7天的实地调查,调查主题是评估农村土地政策执行情况①,调查采用的方法就是农村快速评价法。那次调查共访问了25户农户,其中在临泉县10个乡镇的14个行政村访问了14户农户,在颍泉区10个乡镇的11个行政村访问了11个农户。每个农户的访问时间长短不一,大约在90分钟到2个小时之间。根据我的观察和事后总结,那次农村快速评价的具体操作流程如下:

第一步,设计调查(评估)问卷。先是中方专家与外方专家在北京共同设计调查问卷,并就相关调研事宜进行讨论。相对于大样本调查,农村快速评价调查问卷相对简单,调查问卷是混合式问卷,既有封闭式提问,也有开放式提问。与普通调查问卷相比,它更像是一个问题清单。

第二步,随机选择调查点和调查对象。在地方政府官员引领下,调研组自己租车、自带食物前往农村调查。与其他调查不同,调查点完全由调查人员随机选择,车开往哪儿,想在哪儿调查,就在哪儿调查。确定调查点后,调查对象也是随机选,碰到谁就问谁。被访问对象可能是本村组的,也可能不是本村组的,有的甚至是外乡镇或外县的。访谈地点可能是农户家里,也可能是本社区社员活动频繁的中心位置,比如日用品经销店、村部或村中心地带等,还可能是田间地头。

第三步,访问调查对象。调查人员访问调查对象时,当地引领人员不能在场。调查对象不是被动地回答问卷所提问题,而是积极地参与采访。调查人员会随时记录下调查对象的观点和看法,还有可能脱离手头问题清单,探讨更多不包含在调查问题清单里的新问题。根据我事后理解,一般的调查主要关注调查问卷提问,农村快速评价除了关注问卷提问外,它对调查对象在回答问卷提问过程中冒出来的新问题也给予同等关注。

① 主要包括农地承包"30年不变"政策执行、"四荒"拍卖、农地征占及增值收益分配和农地流转等问题。

第四步，快速写作调研材料。实地访谈结束后，调查人员当天就要整理、完成当地访谈报告。所有访谈结束后，调查人员应当快速形成小组调查报告，并提交给项目资助方。

（七）“参与式”农村评估法(PRA)

农村快速评价法被应用到政府发展援助项目后，很快就遇到问题。在农村快速评价法中，当地人只是被动地接受调查，对发展援助项目并不感兴趣，从中受益也不大，致使援助项目效果不佳。为提高当地人参与程度，“参与式”农村评估法(Participatory Rural Appraisal，PRA)应运而生。“参与式”农村评估法，主要基于如下理念：农民特别是穷人也是聪明、勤劳和理性的，他们之所以落后、贫困，主要是社会没有给予他们与城里人一样的发展机会；只有让当地村民广泛参与才能使他们公平受益；通过社区自我管理，可以实现真正的可持续发展。简单讲，“参与式”农村评估法，强调农民应当充分参与项目并真正受益。同理，解决农村当地许多重要的经济社会问题特别是政策执行问题时，应当也可以让农民自己选择并参与，让农民自我选择适合本社区的政策，或者根据本社区具体情况对上级政策做出相应调整与变通。

到目前为止，在我的研究实践中，还从来没有采用过“参与式”农村评估法。唯一一次有可能采用“参与式”农村评估法的是第一章提到的《进一步改革和完善农村土地制度》项目，该项目着眼于制定改革试验实施方案，在推进实施方案过程中会采用“参与式”农村评估法。遗憾的是，由于试验办机构调整，新一轮农村土地制度改革试验未能如期启动，《进一步改革和完善农村土地制度》项目研究内容和研究方法也做了重大调整，新的研究方案不再采用“参与式”农村评估法。

（八）焦点小组访谈法

所谓焦点小组访谈，就是找多个调查对象就某个专门问题开展讨论，课题组从这些讨论中可以获得很多有价值的观点和启示。焦点小组访谈与座谈会和一般访谈存在根本区别。焦点小组访谈只集中讨论一个主题，座谈会可有多个主题。焦点小组访谈由多个调查对象自由讨论所列主题，一般访谈由调查员与访谈对象以一问一答形式进行。

2007 年，我们在湖北 H 镇调查乡镇职能问题时，曾尝试运用焦点小组访谈分析乡镇农技部门公共服务考核制度的效果。我们在样本村找到 10 多位农民代表，其中有村干部、有村民小组长，也有普通农户；有男性，也有女性；有老年人，也有中年人。从集体讨论结果看，有些人表示镇里农技员为他提供过农技服务，效果不错；有些人表示镇里农技员为他提供过农技服务，效果不好；有些人表示镇里农技员没有为他提供过农技服务，但他从区农业局获得过农技服务，效果还可以。有些人认为单纯一项农技服务解决不了问题，需要同时提供多项农技服务。比如，镇农技人员提供了优良种子，并告诉他们如何进行软盘抛秧，但后期病虫害管理跟不上，水稻病虫害严重，优良种子的优势没有得到有效发挥。有些人认为镇农技员发的技术服务资料，看不懂，不知如何具体操作等。从农民代表们讨论结果看，H镇农技部门公共服务考核对促进农技人员下乡提供技术服务起到了应有作用，但农技服务水平仍有较大提升空间，乡镇农技部门公共服务考核比较注重出勤和技术服务次数，忽视了最终服务质量和效果考核。见专栏5.2。

专栏5.2　湖北H镇农技人员技术推广服务考核

湖北H镇农技站从2004年开始实行“以钱养事”改革。上级财政每年向镇政府拨付固定数额的农技服务费，经考核合格的农技人员通过竞争取得当年农技服务资格，镇区范围农技服务由当年取得服务资格的若干农技人员分片承担。由于片区村、组、农户和耕地面积不同，不同片区农技人员中标的农技服务经费有差异。以2007年为例，H镇全年农技服务经费59 886元，其中区财政40 000元、省补助22 886元（含农技中心管理费3 000元）；当年全镇五个片区农技服务费分别为11 596.5元、12 631.5元、12 249元、11 374.5元和12 034.5元。

镇农技站及取得服务资格的农技人员与镇政府每年都要签订农业技术服务合同，服务合同甲方为镇政府（盖章、签字），乙方为镇农技站（盖章）和取得服务资格的农技人员（签字），上级农业局作为合同鉴证方（盖章、签字）。合同一式三份，甲乙双方及鉴证方各执一份。服务合同内容主要包括如下几个部分：一是服务范围与经费，二是服务内容，三是双方权利与义务，四是服务费支付方式，五是奖惩及违约责任，六是其他事项。支付给农技人员的服务费采取分季支付和年终结算的方法，即前三季度每季度支付服务费总额的20%，第四季度的20%和余下的20%，年终结合考核后，按考核结果一次性支付。镇政府每个季度对农技人员工作考核一次，根据考核结果，得90分以上的，支付100%服务费；得80～89分的，支付90%服务费；得70～79分的，支付80%服务费；得60～69分的，支付70%服务费；得60分以下的，不支付服务费，原先按季度已支付的服务费予以追回，并追究相关责任。

考核办法：镇政府成立考核组，每季度都对农技人员进行一次考核，考核采取访问群众、查看有关资料和到实地看现场等办法进行，考核有明确的考核事项、考核内容和计分办法(详见附件7)。表1列出了2007年第一、第二季度全镇5个农技服务人员考核得分及服务费兑现情况。数据显示，前两个季度考核，所有农技人员都没有全额获得服务费，第一季度考核没有一个人获得70分以上的分数。

表1　2007年H镇农技人员第一、第二个季度考核得分及服务费兑现情况

农技人员	耕地面积	全年合同服务金额	第一季度		第二季度	
			考核得分	考核兑现金额	考核得分	考核兑现金额
A	7 731	11 596.5	65	1 623.5	79	1 845
B	8 421	12 631.5	69	1 768.4	76	2 021
C	8 166	12 249	67	1 714.9	80	2 205
D	7 583	11 374.5	65	1 592.9	82	2 047
E	8 023	12 034.5	66	1 684.9	73	1 926
合计	39 924	59 886	332	8 384.6	390	10 044

本专栏根据2007年湖北H镇调查资料整理。

现在回过头来看，我们那次组织的焦点小组访谈并不成功。我们虽然有个好主题(即乡镇农技服务考核)，也找了村、组长和农民代表，但我们当时对H镇农技服务考核的具体内容及流程缺乏了解，致使讨论没有完全围绕农技服务考核事项。在我撰写本书专栏5.2的时候，我重新翻阅并研读了当时的调研资料，有如下重要发现：即与畜牧、农机、水利、计生、财务、水产、文体等所有其他公益性服务比，农技公益性服务考核的得分最低，农技人员服务费兑现率最低；不只是某个农技服务人员考核得分低，而是所有农技服务人员考核得分都很低。这就提出了一个新问题，与其他公益性服务比，农技服务有特殊性吗？假若再有机会去H镇调研，重新组织焦点小组访谈，我相信一定会获得重要发现。重新组织焦点小组访谈，至少要做出如下四点改变：一是先花时间掌握和了解农技服务考核的内容和流程，二是要让被考核的农机人员参与座谈，三是要对每项考核内容都做出充分讨论，四是要与其他公益性服务项目进行对比，五是讨论需要花费更长时间。

(九)持续跟踪调查法

从过往经验看,绝大多数农村实地调查,都是一次完成。与这种一次性实地调查对应的,是持续跟踪调查。所谓持续跟踪调查,就是围绕某些调研主题或者选择特定地区、行业进行长期观察与比较。有些持续跟踪调查,可能会持续好几年、十几年、几十年甚至好几代人。比如,著名社会学家费孝通教授一生对江村进行了26次调查(其中1981—2002年间有24次)。与一次性农村实地调查相比,持续跟踪调查有利于调研者深入了解事务的本质及其发展变化规律。

四、农村实地调查的二十点建议

农村实地调查只有一个目标,就是获取真实信息或者尽可能接近真实信息。因此,凡是有可能妨碍真实信息获取的事项,我们都应当避免。

(一)事前与接待单位或个人取得联系

农村实地调查,必须事前与接待单位或个人取得联系,以便接待单位或个人提前准备相关事宜。比如,提前向主管领导汇报、提前准备汇报材料、提前准备文件与数据资料、提前选择意向性调研地点等。关于具体提前多长时间,一般以1～2个星期为宜。提前时间过早,调研组、接待单位或个人都有可能因不可预知事件发生而不得不改变日程安排。提前时间太晚,接待单位或个人准备时间不足。此外,在调研组正式前往目的地调查之前,要将应由政府各部门填写的调查问卷和准备的文件、统计资料清单提前邮寄或传真给接待单位或个人,由接待单位或个人转交有关部门,以便有关部门提前准备。

(二)紧紧围绕调研主题

农村实地调查,必须紧紧围绕调研主题。根据我们的经验,与政府部门和乡村干部座谈,一般不会偏离主题(俗称"跑题",下同)。进行农户调查时,很容易出现跑题问题。最为常见的有以下三种情形。

情形1:调查对象主动跑题。比如,全面免征农业税费前,农民负担比较重,当农民听说我们是中央农业部门的干部,他们就非常喜欢向我们反映农民负担问题,减负愿望异常强烈,甚至希望我们直接干预。如果你不愿意听他的诉求,他就直接告诉你,你的调查没有用,跟他没关系,最后不配合你调查。

情形2:调查对象被动跑题。在调查某个农民时,其他无关农民也过来看热闹,你一言我一语,讨论重点很快转移到当地社区关注的热门话题,比如,农民负担问题、村组干部腐败问题等。

情形 3:调查点最近发生过群体性上访事件。如果选中的调查点最近发生过群体性上访事件,你的调查很可能受到该事件干扰。调查对象或者其他看热闹的农民,会有意无意地提及这些事件,并强烈希望他们的主张能得到我们这些局外人的认可,甚至希望你帮助他们。

当遇到调研跑题情形时,首先不能慌,要表现出沉稳,不能让调查对象或其他旁观农民感觉到你反感他们的诉求。通常,我们要区别不同情形,采用合适的应对方法。一是当调查对象或其他农户反映问题的态度不激烈时,可直接告知他们所反映的问题不是本次调研的重点,今后的调查可能会关注他们所反映的问题,然后接着进行调查访问即可。二是当调查对象或其他农户反映问题的态度比较激烈时,你判断这个问题不难解决,你可花点时间倾听他们的诉求,并为他们提供解决问题的办法,然后再进行你的调查访问。三是当被调查对象或其他农户反映问题的态度比较激烈,你判断这个问题很复杂,你应当建议先完成调研任务,利用晚上空闲时间或者其他方便的时候倾听他们的诉求。

当遇到调研跑题情形时,无论采取何种应对方式,必须切记以下两点。一是适当认可调查对象或者其他农民的诉求,他们一定有自己的道理和委屈。二是不能许诺能帮助调查对象或其他农民解决问题或实现他们的诉求。调查对象遇到的问题,最终必须由当地政府、法院和社区组织出面解决,调查人员是外来人,最多只能告诉他们一些解决问题的途径和办法。需要强调的是,极端情形下调查对象可能根本就不配合调查,那也没有办法,只能另外选择调查对象,但绝不可责备不配合的调查对象。

(三)让调查对象准确理解所提问题

农村实地调查,调查人员必须让调查对象准确理解所提问题。若调查对象表示对所提问题有疑问,调查人员要进一步解释,直到调查对象准确理解为止。有时候,虽然调查对象并未对所提问题表示疑义,但他给出的答案却出乎调查人员意料。面对这种情形,调查人员有必要进一步核实调查对象是否真正理解所提问题,或者改变提问方法,让调查对象表达与提问内涵相符的意愿和观点。

在过去 10 多年的农村实地调查中,我曾多次在不同场合问过“农村土地归谁所有”这个问题,每次总有一些农民朋友明确告诉我农村土地归国家所有,这与“农村土地集体所有”的常识相矛盾,是农民朋友不认可农村土地集体所有,还是我们和农民朋友对土地集体所有的理解存在差异。事后分析发现,根本原因在于我们与农民朋友对土地所有权概念的理解存在差异,或者说我们的提问方式存在问题。土地所有权有两层含义,即主权意义上的所有权和法律意义上的所有权。当我们问"农村土地归谁所有"时,通常专指法律意义上的所有权归属,而有些农民朋友可能将土地所有权理解为主权意义上的所有权。当他将土地所有权理解为主权意义上的所有权时,土地就是归国家所有的。在这个问题上,我们只要改变一下提问方式,就可以消除这种概念理解上的差异。比如,我们在农民家里访问,用手指指着他家门前的某块地,问那块地属谁的?他首先会告诉你那块地是谁家的(即谁家的承包地),你再问那块地归谁所有?他会告诉你那块地归某某组或某某村所有,这时他告诉我们的就是法律意义上的所有权归属,而非主权意义上的所有权归属。

再比如,最近几年大家都关注进城落户农民有偿退出承包地问题。你询问进城落户农民是否愿意有偿退出其承包地时,一定要小心,要告诉他是永久退出,以后再也要不回来了,而不是有偿退出几年,过几年再要回来。如果你不向他做出上述说明,他即使回答愿意,那也可能不是他的真实意思表达。他很有可能将有偿退出承包地理解为转包或转让承包地,过几年或者等承包期到期后还可以重新要回承包土地。

(四)详细记录调查对象谈话内容

农村实地调查,调查人员必须详细记录调查对象谈话内容。这里有三层意思,一是记录调查对象回答的内容。选择题必须勾对选项,需要以文字方式记录的,一定要如实记录调查对象回答内容。二是访问现场有其他人员在场且不断发表其观点和看法情形下,调查员应当记录调查对象回答内容,不要受他人干扰。三是记录调查对象谈及的其他重要信息。在提问调查对象时,调查对象常常会谈及与提问主题相关的其他重要信息,对这些信息也要如实记录。千万别小看这一点,接下来的例子将证明记录与提问主题相关的其他重要信息,能帮助解决大问题。除专题访谈外,文字记录最好记录于调查问卷,以便事后查询。

以《进一步改革和完善农村土地制度》课题为例,在校对农户调查数据时,我们发现安徽省肥西县有很多样本农户种植中稻的施肥水平很高,亩均施用碳铵在100公斤以上。由于我来自湖南水稻产区,我们当地水稻亩均施用碳铵一般不会超过50公斤。肥西中稻生产这么高的施肥水平,与常识不符。在排除诸如小数点错位、计量单位差异(比如"公斤"与"斤"的差异)等因素后,我们开始翻阅调查问卷。在翻了40多份问卷后,我们不得不放弃,所有录入数据与问卷原始数据完全一致,莫非肥西农户种植中稻真的有那么高的施肥水平?接下来的校对又发现了问题,不只是亩均施用碳铵水平高,亩均施用复合肥水平也很高,有些农户中稻亩均施用复合肥在120公斤以上，肯定有问题。在找出中稻亩均施用复合肥在100公斤以上的农户码后，我们又开始翻阅问卷。当我们翻到编码为“331”的农户问卷时，奇迹发生了，该份问卷的调查员刘道臣在表格旁边记录下了如下文字：“亩60平方丈，该组的地是78平方丈。”也就是说，这个组的地1亩（著者注：习惯亩）等于1.3标准亩。显然，肥西县存在当地习惯亩大于标准亩的情况。将习惯亩折为标准亩后，肥西农户种植中稻的施肥水平下降了，与常识基本相符。刘道臣是位来自中国人民大学的研究生，我们衷心感谢他。若他不在提问旁边注释，我们真不知道该如何处理这些数据。我应当给这个注释起个名字，叫“刘道臣注释”。

刘道臣注释，不只是解决了土地研究项目数据校正问题，它还影响到我们的后续研究及我们对中国耕地面积统计数据的判断。(1)对后续研究的影响。有了刘道臣注释以后，我在设计2004年《主产区粮食综合生产能力问题研究》农户调查问卷时，专门就耕地面积计量标准设了如下提问：你们当地1亩相当于__标准亩（1标准亩为667平方米）。调查结果证明这个提问非常重要。在湖北潜江，样本村组“习惯亩”大于“标准亩”，有的1“习惯亩”等于1 000平方米，有的1“习惯亩”等于880平方米；在江西吉安也有两种情况，有的1“习惯亩”等于1“标准亩”，有的1“习惯亩”等于0.75“标准亩”①。(2)影响我们对中国耕地面积统计数据的判断。在过去相当长一段时期内，我国耕地面积统计数据不准。1991—2000年间《中国统计年鉴》在提供全国耕地面积统计数据时，都会做出“实有耕地面积数据偏小，有待进一步核查”的提示和说明，直到2001年《中国统计年鉴》提供了1996年全国农业普查耕地面积数据，全国耕地面积统计数据开始接近真实数据。以1996年10月31日为统计时点，1996年全国实有耕地面积130 039.2千公顷，而1999年《中国统计年鉴》提供的1995年全国耕地面积统计数据为94 970.9千公顷，二者相差35 068.3千公顷，前者比后者高出36.9%。刘道臣注释，给我国耕地面积统计数据差异找出了一个更为合理的解释：这种差异是由于故意少报和无意少报两种因素共同引起的，一是农民集体和地方政府通过故意少报耕地面积规避税费，二是由于“习惯亩”与“标准亩”不一致，无意识地少报了耕地面积。

（五）与政府部门座谈顺序主要取决于调研性质

若是学术调研，最好先与政府部门座谈，然后再进行村组和农户调研。先座谈便于调研组从面上了解当地实际情况，既为村组和农户调研提供背景，也有利于调研组找到重点调研内容。

---

① 廖洪乐，《中国南方稻作区农户水稻生产函数估计》，《中国农村经济》2005年第6期，第11-18页。

若是主管部门开展日常工作调研，可先座谈再下去调研，也可先下去调研再回来座谈，还可以座谈—调研—再座谈的顺序开展工作。

(六)调查须获得调查对象同意

农村实地调查，调查访问必须获得调查对象同意。访谈成功的关键，取决于调查对象配合程度。调查人员应当先行告知访谈的目的、主要内容和大概时间，以便调查对象综合做出可否配合调查的判断。若调查对象不愿意参加调查，绝不能强求。我们曾经有好几次调查访谈到一半就进行不下去的教训，最后只能放弃，既耽误了宝贵的调研时间，也使双方心情不愉快。

(七)与调查对象共同商定访问地点

农村实地调查，最好与调查对象共同商定访问地点。根据我们的经验，有如下几种情形。

情形 1:受访农民正好在家。访问最好安排在农户家里。这种安排有两点好处:一是便于保护农户隐私;二是农户家庭成员可以相互商量或启发。

情形 2:受访农民正在自家地里干农活。有两种选择，一是回到农户家里进行访问，二是在地里进行访问。究竟是选择前者还是后者，取决于农民干活地点离家远近和农活轻重缓急。若干活地点离家很远，回家不方便或很耗时，应当就地进行访问。若是农忙季节，农民要抢农时，可以让农民边干活边接受访问。

情形 3:受访农民正在给别的农户干农活。调查人员既需要征得受访农民同意，也需要征得“别的农户”同意。访问地点，可参照情形 2。若调查涉及受访农民家庭很多隐私信息，访问地点最好还是安排在受访农户家里。

情形 4:受访农民正在给别的农户干非农活(比如建房、做家具等)。调查人员既需征得受访农民同意，也需征得“别的农户”同意。访问地点要有一定保密性，或者最好是受访农民家里。

情形 5:受访农民正在家外其他地方休息。选择受访农民认为合适的地方即可。

情形 6:受访对象是专业大户、家庭农场以及农民合作社、中小企业、学校等法人单位。访问最好安排在调查对象办公室，这种安排既方便访问过程中查找相关文件和档案资料，也有利于保护隐私。

(八)最好单独访问或访谈

农村实地调查,最好单独访问或访谈。访问或访谈的主要目的在于记录调查对象的真实信息,比如他家生产经营投入和收支状况、他对与调研主题相关问题的看法和意愿等。若有他人在访问现场,调查对象会有种种担心,不敢透露真实信息和意愿。他人在访问现场包括两种情形,第一种情形是其他普通农民在现场,第二种情形是当地干部或干部的亲属在现场。这两种情形都要尽量避免,尤其要特别注意第二种情形,它对受访对象带来的心理影响和压力更大。在过去的实地调研中,两种情形都遇到过,我至今印象深刻。

情形1:因其他农民在访问现场致使访问难以进行。1999年,在湖南某地农村上门访问农户,调查对象是一个带着2～3岁孩子的女性,其性格相对内向。访问开始不到10分钟,另外3位中年女性到调查对象家串门,调查对象边接受我的访问边与那3位中年女性聊天。当我问及水稻生产投入时,那三位与调查对象一起商量水稻投工量、施肥量问题。不过,由于各家投工量和施肥水平有差异,商讨过程中出现了争论。当调查对象说出自家投工量、施肥量数据后,其他三位认为她家水稻生产投入太低。调查对象变得不自信,不敢回答我的问题了,到了后面有关政策意愿部分的访谈局势完全失控,调查对象完全没了自己的观点和看法,其他三位女性倒很热衷于发表她们的高见。

情形2:乡村干部在访问现场致使调查对象不敢表达自己的观点和看法。2007年,在湖北某地农村上门访问农户,调查对象为一中年男性,访问内容是乡镇职能问题和农民负担问题。在谈及农民负担问题时,调查对象反映负担过重,领路的村干部则坚持农民有适当负担是必要的,农民交钱都是为自己办事;在谈及乡镇职能问题时,调查对象认为乡镇很多部门都要撤掉,没有必要保留,领路的村干部认为没有这些部门农村就会出问题。最后,调查对象不愿意配合调查,双方不欢而散。

当然,也有例外。当调查事项发生和完成年代已经久远时,单个调查对象可能很难回忆或记忆不准确。在这种情形下,应当让多个调查对象共同接受调查访问或者允许其他人协助调查对象,共同回忆,共同补充,以使获得的信息尽量准确或者接近事实。

(九)学会随机应变

农村实地调查,无论是遇到与调查主题有关还是无关的问题,都需要调查人员学会随机应变。这里,分享一个我的经历。2004年10月,我到湖北潜江做农户调查，在询问农户主要农作物用工量时，遇到了麻烦。农民们无法马上给出用工量数据，都需要花点时间通过心算再给出答案。差异在于，有的给出的是总用工量，有的给出的是亩均用工量。究竟是填写总用工量还是亩均用工量，调查问卷也没有做出明确说明。关于用工量，调查问卷只有两点注释，一是用工量指实际劳作时间，二是主要包括翻地、播种、管理、收获等各农事环节劳作时间。根据我对前几个农户的观察，他们中的多数都习惯于先按农事顺序估算每道工序亩均用工量，然后再加总，得出用工量数据。于是，我决定填写亩均用工量，并在晚上的讨论中要求所有调查人员都按照“先估算每道工序亩均用工量再加总”的办法。事后经验证明，这个决定是合适的，农民很容易算出耕翻、播种以及收割 1 亩地各环节用工量。

（十）注意化解访问疲劳

农村实地调查，针对农户的访谈时间最好不要超过 2 个小时。信息量大的调查问卷，刚开始可能会因调查员对内容不熟练，访问时间多于 2 个小时。这个没关系，熟悉内容后访问时间就会缩短。

调查过程中很容易产生访问疲劳，访问疲劳包括两种。第一种是单次访问过程中的访问疲劳。由于单次访问时间比较长，访谈双方都容易产生厌烦情绪。对于访问过程中的访问疲劳，调查员可通过中场休息或转移话题等方式予以缓解。不过，一定要注意休息或转移话题的时间不能太长，不要超过 15 分钟。第二种是整个调研过程中的访问疲劳。所谓整个调研过程中的访问疲劳，是指在调研过程中，调查员需要不断重复提问相同的问题，多次简单重复会使调查人员产生疲劳与厌烦情绪。避免第二种访问疲劳的最好办法是，连续外出调查时间不要太长，一般不要超过两个星期。

（十一）不要揣测调查对象意愿

访问调查对象时，调查员不能预设答案选项，调查对象选择哪项就是哪项，回答什么就是什么。特别是当同一份调查问卷重复调查多个调查对象后，调查人员不能根据已调查人员给出的答案选项或回答预判其他调查对象的选择。比如，根据已访农户回答，多数农民认为土地属集体所有，由此推知，后续被访农民也都认为土地属集体所有，这是非常不对的。

（十二）不喝酒同样可以做好农村实地调查

关于农村实地调查，流行着如下观点：喝酒有利于与调查对象建立感情和良好关系，有利于让调查对象说真话、讲实情。根据我个人的经验，不喝酒同样可以做好农村实地调查，不喝酒调查对象也会跟你说真话、讲实情。近 20 年里，我从未遇到过因不喝酒导致调查失败或调查不顺利的情形。相反，却有好几次都是因喝酒导致调查不顺利，而且这些经历有的发生在西部欠发达地区，有的发生在东部发达地区和中部地区。我自己不喝酒，但不反感别人喝酒，看到他们相互劝酒，我也乐在其中。有好几次因中午或晚上喝酒过量，原来约定下午或第二天上午的访谈不得不推迟，原来答应提供给调研组的数据资料也不能按时提供，耽误调研行程。因此，我的建议是尽量不喝酒，若确需喝酒，礼节性喝点即可。

（十三）农村实地调查并不一定需要接待单位派人陪同

农村实地调查，需要接待单位或个人接待和联系，但并不一定需要接待单位派人陪同。由于我司职于中央农业主管部门的研究单位，在我参加的农村实地调查中绝大多数有地方接待单位人员陪同。不过，也经历过几次接待单位未派人陪同情形。印象最深的当属 2010 年到重庆市的调研，当时市接待单位直接用车将我送到调查点，与乡镇对接上后司机返回，这次调查同样成功。晚上到住宿宾馆附近的夜市与各类人员聊农民集中居住之事，很受启发。农民们反映政府低价征地后高价出让，他们心里极不平衡。第二天去找乡镇相关部门了解情况，该部门工作人员认为农民反映的问题并不完全属实，农民只知道政府高价出让建房用地，却不了解城市道路、公园、绿化建设方面的用地和支出。于是，我与该工作人员根据该镇实际情况推算了政府征地收支，假设政府征收集体土地用于经营性和公益性用途各占 50%，政府与农民集体所得收益比为 6.9∶1[①]。很多农民们对集中居住似乎并不认可，这与政府部门一致称好形成对比，这个经验使我在后续考察农民集中居住点时更加理性。

（十四）所需资料最好随身一次带走

农村实地调查，常常需要政府部门、企业和村组提供文件资料、统计数据以及财务报表等资料。有些资料可即时提供，调查人员可在座谈会或访谈结束时带走。有些资料需要准备，座谈会或访谈结束后不可能即时带走，调查人员应当主动与负责资料的人员联系，约定资料提供时间和地点，以确保调查结束前收齐所有资料。强调调查结束前收齐所有资料，有两个目标：一是确保所需资料完整无缺；二是收

① 廖洪乐，《农民市民化与制度变革》第 154 页，上海远东出版社，2013。

集资料后调查人员可翻阅资料，发现有问题可在调查期间直接询问有关单位和个人，也可能通过翻阅资料提出新问题。根据我们的经验，所需资料最好能在调查结束后一次带走。当然，有些资料确实在调查结束前无法按时提供，调研组应当与调查单位或个人约定好资料寄送方式和时间，并最好记下联系人的联系方式，以确保资料能按期寄达。

（十五）组织持续时间长和工作量大的实地调查，中间最好休息 1～2 天

若农村实地调查持续时间长且工作量很大，期间一定要安排 1～2 天休息调整时间，否则，调查人员很容易疲劳，影响工作进展。让我印象深刻的是 1999 年 8 月至 9 月在湖南宁乡和祁阳两县的调查，那次调查工作量大、持续时间长；调查走访了两个县的农经管理部门，在 6 个乡镇调查了 6 个村、18 个村民小组、144 户农户，并专访了 8 户农户；调查时间从 8 月 22 日开始到 9 月 10 日结束，共持续了整整 20 天。8 月 31 日下午完成宁乡调查后，有些调查人员出现疲劳症状，但我们还是坚持于 9 月 1 日乘绿皮火车去第二个调查地——祁阳，达到祁阳县当天就有 2 个调查人员出现身体不适，不得已只好将他们送往当地医院输液。要是当时不要那么匆忙，从宁乡回至长沙后休息 1～2 天再去祁阳，可能就不会出现这个问题。

（十六）调研组最好有女性调查人员

农村实地调查，调研组最好有女性调查人员，因为很多被访问对象是女性，女性访问女性，既方便，也容易产生共鸣。在那些注重性别问题的研究项目中，项目资助方对课题组成员、调查人员和调查对象的性别比例都会提出要求。

（十七）言行举止得体

农村实地调查，调查人员必须言行举止得体。

首先，调查人员必须态度诚恳，待人诚实。无论是在政府机构、企业和村组座谈，还是调查访问农户，调查人员都不可高高在上、自以为是；无论对调研主题是熟悉还是不熟悉，调查人员都要认真倾听、详细记录。

其次，调查人员不能夸夸其谈。不该说的不说，不该问的不问，不能给调查对象留下不着边际的印象。

最后，服饰衣着得体、形象稳重。不要奇装异服，不要奇异发型，不要奇谈怪论。

(十八)调查言语最好口语化

调查言语口语化,包括两层意思。

一是指不要照本宣科。按照调查问卷原文读问卷,那样显得死板。比如,在填写农户家庭成员性别信息时,不要问你老公是男性或你老婆是女性,直接填上相应数字即可;也不要问家里有几个女性孩子、几个男性孩子,直接问有几个男孩、几个女孩,并填上数字即可。

二是最好使用当地约定俗成的习惯性说法。比如,在填写农户承包地面积时,一般习惯使用"亩"作计量单位,即你家有几亩地?在东北地区,农民习惯使用"垧",一"垧"地等于15亩,若问你家有几垧地?农民更容易听懂,回答也更直接。再比如,在谈到农作物复种问题时,南方地区习惯说"几季",北方地区习惯讲"几茬"。

(十九)注意安全和保密

农村实地调查,需要注意安全。所谓安全是指调查组成员的生命、财产安全,所有调查组成员要注意保护好自己的私人财物和公共财物,要防止出现意外伤害事件。在我本人组织的大型调查项目中,我通常都会给调查组成员买份意外伤害保险,特别是有在校学生参加的调查,一定要给学生买保险,以防万一。

农村实地调查,需要注意保密。这里,保密包括两个方面。一是对受访对象告知你的内容保密,不得对非课题组成员透露受访对象家庭人口、收支、观点及个人私密信息等。二是对收集的文件、统计数据、财务资料等保密,不得随意向外透露资料信息。

(二十)若有必要,需及时进行补充调查

农村实地调查结束后或者在数据分析处理和研究报告写作过程中,若发现原调查有重要信息遗漏,需要及时进行补充调查。

附件1　调查通知样式

关于开展农村邮政业调查的
通知

××省邮政管理局：

党的十七届三中全会提出了“逐步实现城乡基本公共服务均等化”奋斗目标，到二〇二〇年城乡公共服务均等化要有明显推进。邮政事业是国家重要的社会公用事业，邮政普遍服务是城乡基本公共服务的重要组成部分，邮政普遍服务的重点和难点均在农村。为实现城乡邮政服务水平均等化目标，国家邮政局在今年3月份的南京普遍服务管理工作座谈会上提出，要结合中央1号文件精神，抓紧研究提出农村邮政服务发展的目标、方向和发展路径。为落实南京会议精神，我局特委托农业部农村经济研究中心就“农村邮政服务发展的目标、路径和发展模式”开展调查研究，以便进一步推动农村邮政事业发展，让广大农村居民享受更好的邮政服务。现就相关事宜通知如下，请相关单位积极配合，搞好本次调研。

一、调查对象

调查对象为省邮政局(或邮政公司)、县邮政局、乡镇邮政局(所)和邮政用户。

二、调查内容

(一)省级邮政管理局

省级邮政管理局需提供以下材料：一是近几年来省委、省政府和省级相关部门为发展本省农村邮政事业所出台的相关文件和规定；二是全省已有的推进农村邮政普遍服务和市场业务方面的典型经验和案例材料；三是2008年工作总结和2009年工作计划等；2008年省级财政对邮政的补贴及基本建设支出。上述材料只需复印交课题组即可。

(二)县、乡邮政局(所)

调查内容见座谈提纲(见附件：县邮政局座谈提纲)和相关调查表格(调研组自带，并由调研组成员负责填写)。

三、调查时间

2009年5—7月。

四、联系人及联系方式(略)

五、附件：县邮政局座谈内容

单位(略)
2009年×月×日

附件 2　调研函样式

关于赴江苏两县(市、区)进行乡镇改革问题调研的函

江苏省委政研室：

全面免除农业税后，如何科学界定乡镇政府职能成为一个现实问题。为更好地了解和掌握各地乡镇机构改革和乡镇公共管理服务的最新动态，特派廖洪乐等五位同志赴江苏有关县(市、区)开展“乡镇机构改革与职能定位”调研。现就有关事项通知如下，并请协助安排为盼。

一、调查内容

1. 乡镇机构改革与职能转变情况；
2. 乡镇公共服务与社会管理情况；
3. 乡村干部对乡镇改革和政府职能的意愿、看法；
4. 农民对乡镇改革和政府职能的意愿、看法；
5. 乡村组织目标考核责任制。

二、调查安排

1. 调查地点：苏南选一个镇及其所属的 3 个村；苏北选一个乡及其所属的 3 个村。

2. 调查对象：乡镇主要领导及有关部门负责人、乡镇一般干部；村组干部和农户(问卷)。

3. 调查时间：2008 年 1 月 14 日开始，两地 10 天左右。

三、调查人员(5 人，名单和所属单位略)

联系人：×××

联系电话：略。

农业部农村经济研究中心

2008 年 1 月 8 日

附件 3　详细调研日程安排

农村邮政事业发展调研组
日程安排(河北省)
(2009 年 5 月 31—6 月 10 日)

<table>
<tr><th>时间</th><th>调研活动</th><th>调研人员分工</th></tr>
<tr><td>5 月 31 日下午</td><td>藁城市邮政局座谈</td><td>所有调研人员参加</td></tr>
<tr><td>6 月 1—2 日</td><td>第一个乡镇访谈、走访邮政用户</td><td rowspan="2">调研组成员分开调研
(1)廖洪乐与乡镇邮政所所长座谈;负责乡镇机构调研等;走访有代表性的村邮站或三农服务点。
(2)其他 4 人分开调研(包括行政村及邮政用户)。
县邮政局负责填写相关数据,并收集城关镇一个邮政局的数据;3 日交给调研组。
详细安排座谈会上共同决定。</td></tr>
<tr><td>6 月 3—4 日</td><td>第二个乡镇访谈、走访邮政用户</td></tr>
<tr><td>6 月 5 日下午</td><td>赞皇县邮政局座谈</td><td>所有调研人员参加</td></tr>
<tr><td>6 月 6—7 日</td><td>第一个乡镇访谈、走访邮政用户</td><td rowspan="2">调研组成员分开调研
(1)廖洪乐与乡镇邮政所所长座谈;负责乡镇机构调研等;走访有代表性的村邮站或三农服务点。
(2)其他 3 人分开调研(包括行政村及邮政用户)。
县邮政局负责填写相关数据,并收集城关镇一个邮政局的数据;8 日交给调研组。
详细安排座谈会上共同商定。</td></tr>
<tr><td>6 月 8—9 日</td><td>第二个乡镇访谈、走访邮政用户</td></tr>
<tr><td>6 月 10 日返京</td><td></td><td></td></tr>
</table>

附:调研组成员名单

廖洪乐	农业部农村经济研究中心	研究员
方　华	农业部农村经济研究中心	助理研究员
张春泉	中国农业大学	硕士研究生
姚　林	中国农业大学	硕士研究生

附件 4 典型调查

宁乡县双江口镇新桥村五组承包地调整与“30 年不变”政策执行情况

新桥村五组 1998 年有 15 户农户，51 人，劳力 27 个，其中有 4 个常年在县外务工经商。耕地面积 60 亩(包括屋场基地)，其中水田 52 亩，人均耕地 1.18 亩。

该组是 1981 年分地到户的(当时其他组多数是把青苗承包到户，而没把地分到户)，土地是按人口均分。组里把所有的田分为 2 个等级，组后面的好田 44 亩，组前面的差田 8 亩，好田、差田分别按人均分，家家户户都有好田和差田；然后就是农户抓阄，排分田的顺序。当时规定了 5 年后要进行大调整，即重新打乱抓阄，5 年内人口若有变化则小调。人口增减以每年 12 月 31 日止，增加人口，第二年调进地，减少人口，第二年调出地；若年内人口只增无减，则调整粮食，按每增一个人，调粮 300 斤的标准来执行，当然不是要该调进粮的户挨家挨户去收粮，而是通过减少进粮户上交任务增加其他户上交任务的办法。调地时不要开社员会议或代表会议，只要由组长去调就可以了，调出的地块由调出户随意定，进地户没有选择；具体调地时采用推移法，以便使各家的地块成整。到了 1986 年，由于要执行中央 15 年不变的政策，进行了一次大调整，重新规定的承包期限为 10 年，人口有变化时要小调整。但是到了 1991 年由于熊氏家族怀疑印氏家族多了地，还没有到 10 年就又进行了一次土地大调整，所有面积和地块都打乱重分。据现任组长反映，从 1981 年到 1996 年，每年都有因人口变化而进行的小调整。

1996 年该组进行第二轮土地延包，乡村干部到 5 组开了 2 次会，要求实行承包期顺延 30 年不变，开始全组约有 50%的人不同意，到最后其他的农户都无所谓了，只有邓子乔强烈反对，他提出所有的土地要大调整，打乱重分，并实行 5 年一大调，但 5 年内不再小调整。组里最后的延包方案就是把所有的田都打乱重分，并实行 5 年一大调，但 5 年以内不再小调了。邓还向我们出示了他们组里制定的承包合同(合同的名称为：新桥五组五年制动田合同。合同称“1997 年 3 月 2 日，郝建武、熊建明、彭宝华在新桥五组召开社员大会，经全体社员同意，我组田土统统大动规定如下”，其中明确写明“这次大动后决定 5 年不动，五年内人口生死不管”，合同包括各户田土的明细数和其他有关事项，落款为：新桥村五组全体社员)。村里考虑到 5 年一大调很麻烦，就提出“你搞大调整，你就当组长，负责大调整”，于是邓子乔就成为该组组长，要连续干 5 年，直到 2000 年把地调好后才能卸任。就邓子乔家来说，1996 年分田时，他家有 7 口人（夫妻俩、1 个老母亲、1 个女儿、儿子、儿媳及孙子），从他们家的人口结构和年龄结构看，搞 30 年不调地对他家应是非常有利的。1996 年分地前，他们家的承包田质量不太好，离房子太近，鸡鸭经常去吃他们家的庄稼，这可以解释他为什么要求在土地二轮延包时强烈要求大调整，但解释不了他为什么不同意 30 年不调地。据他本人讲，不赞成 30 年内不调地的根本原因是怕今后人口变化，造成人地矛盾尖锐。据邓子乔讲，在 5 组没人愿意当组长，每年才补贴 200 元钱，而且要承担很多麻烦事，比如组织修筑堤坝等。他本人现在就不想干了。他明确表示到 2000 年要进行土地大调整。

摘自廖洪乐等著，《中国农村土地承包制度研究》第 257－258 页，中国财政经济出版社，2003 年。

附件 5　案例调查

河北临漳县 E 村打破村民小组界限调地

河北临漳县 B 乡 E 村有 16 个村民小组，4 200 多亩耕地。1982 年村里开始土地承包到户，以村民小组为单位，各组分各组的地，承包期按县里统一规定为 10 年。各组均留有 3～50 亩不等的机动地，机动地一般是分剩下的零散地或差地，机动地的承包期为 5 年。在前 5 年，每户都承包机动地，但后 5 年改为个别农户承包，承包机动地的农户向村民小组交承包费。

自土地承包到户以来，E 村 2 次打破村民小组界限调地。第一次是 1989 年由于人均土地面积相差较大而打破村民小组界限调地；第二次是 1998 年由于修路而跨村民小组进行土地调整。从性质上来分，这两次调地有根本区别。

一、1989 年：因人均土地面积不均，打破村民小组界限调地

这次打破村民小组界限调地有两个原因，一是由于人口增减不一，各村民小组间人均土地面积比较悬殊。最多的 5 组人均土地面积达 1.5 亩，最少的 12 组人均才 0.8 亩。于是，地少的组向村里反映，要求地多的组调出一部分地。二是当时河北省允许打破村民小组界限调地。当时，河北省出台了一个类似于“农村土地管理细则”的政策，其中一条允许打破村民小组界限进行土地调整，这个《细则》全文刊发于《河北日报》。

在地少的组提出在全村范围内进行一次土地调整的要求后，村里觉得这个要求是合理的，但当时并没有上级政府的红头文件。于是，当时的村支部Z书记（系E村1组村民）就拿着《河北日报》上的《细则》去找县农村工作部，让他们帮助解答。当时县农村工作部的H部长接待了Z书记，H部长告诉Z书记，按农工部的意见最好不要打破村民小组界限分地，因为这个《细则》不是上级的红头文件。同时，H部长还拿出了一个20世纪70年代的红头文件，这个红头文件要求稳定“三级所有、队为基础”的体制。H部长认为中央后来没有相应文件否定“三级所有、队为基础”，这个体制就不应被打破。不过，H部长也告诉Z书记，只要多数群众没意见，打破村民小组界限重新调地也可以。由于没有得到县农工部的充分肯定，Z书记就向《河北日报》写了封信，向《河北日报》寻求有关解决办法。在信中，他列举了E村各组土地相差悬殊的情况，并向他们请教像E村这种情况是否可以打破村民小组界限调地。《河北日报》最后答复说：有的县根据《细则》发了红头文件，要求必须打破村民小组调地；有的县没有出台红头文件，你自己可以去请示当地县委、县政府。这期间，村里也跟乡领导谈过打破村民小组界限调地的事，乡里认为只要多数群众没意见就可以打破小组界限调地。

在找了县农工部、河北日报和乡有关领导后，得到的答复都是模棱两可，对于打破村民小组界限调地，既没有完全否定，也不是完全肯定。于是，村里决定要打破村民小组界限调地，他们知道地多的组不会同意，县里也不会支持这种做法。村里先是开了2、3次村民小组长会议，组织组长们学《细则》，但是地多的组不愿意，工作不好做。于是，Z书记请示乡党委和乡政府，要求乡里协助。

当时，全村人均土地面积1.22亩。经村支部委员、村委会委员和村民小组长会议研究决定：地少的组人均土地不少于1.1亩，地多的组人均土地不多于1.3亩。在多次召开村组干部会议达成共识后，再召开全村社员会议，至少开过4次全体社员会议，社员每参加一次会议记4分工，抵当年的义务工和积累工。开群众会时，村里就告诉社员哪几个组该调进地，哪几个组该调出地。实际调地时，地多的组一般是把本组的差地调出来，差地也是1亩算1亩，不折扣。各组调进调出土地情况见表1。据Z书记讲，调出的地一般比较差。比如，5组调出的两块地，其中一块在寺东方最西边，这块地离X、Y村特别近，地里的庄稼容易被他们的猪、羊吃掉，而且这块地离机井远不好浇水，离E村庄所在地有2.5公里远；另一块地在榆格子方最西边，离村庄也很远。

表 1　各村民小组土地调出、调入情况

调出土地的组	调出/调入土地面积(亩)	调进土地的组
5 组	14	13 组
5 组	6	12 组
5 组	12	4 组
2 组	5.5	13 组
7 组	7	12 组
14 组	7	12 组
共 4 个组调出土地	共调出/调入土地 51.5 亩	共 3 个组调入土地

土地调完后，村里重新核实各组应实际负担的农业税和“三提五统”款。各村民小组也根据新的土地面积重新分配土地。在组内重新分包到户时，一般都区分土地质量的好坏，差地 1.2 亩算 1 亩；好地按质量不同，有的 0.8 亩算 1 亩，有的 0.9 亩算 1 亩。

据调出面积最多的 5 组组长回忆，1989 年 5 组共有 108 人，200 多亩地，当年调出 32 亩地给了其他组。为 1989 年调地的事，5 组开过 3 次会，有些农户同意，有些不同意，但同意的占多数。第一次开会主要是讨论调地的事；第二次开会是决定同意把地调出去；第三次开会决定具体调出哪块地。调出土地较少的 2 组组长认为，当时能打破小组界限调地，主要是由于那时候农民思想好，反对的人不算多，要是到现在可能就行不通了。

二、1998 年：因为修路而跨组调地

1998 年由于承包到期，E 村借机进行了一次道路整修，即把原来一条斜道改直加宽，原来斜道占的是 10 组、12 组和 16 组的地，斜道改直加宽后为 900 米长、12 米宽。原来斜道占地仍由 10 组、12 组和 16 组耕种，多占的土地面积由各组分摊。实际的土地调整采用推移法，以确保土地不零散。

（廖洪乐整理）

摘自宋洪远等著，《中国乡村财政与公共管理研究》第 280-283 页，中国财政经济出版社，2003 年。

附件 6　案例调查

B 乡 E 村修路

一、修路背景

1. E 村地处乡级公路东侧(其辖区可分为村庄和农业用地两部分),村庄大致处于最东北部,距离乡级公路最远,农业用地大多数在西部及西南部。该村仅有一条 AB 路(图 1),从其辖区中间地带贯穿东西,西连乡级公路、东通村庄南头,并可延长到该村村庄东南部的张庄村。可以说,AB 路段完全是 E 村村内公路,也是该村村民使用率最高的一条路。

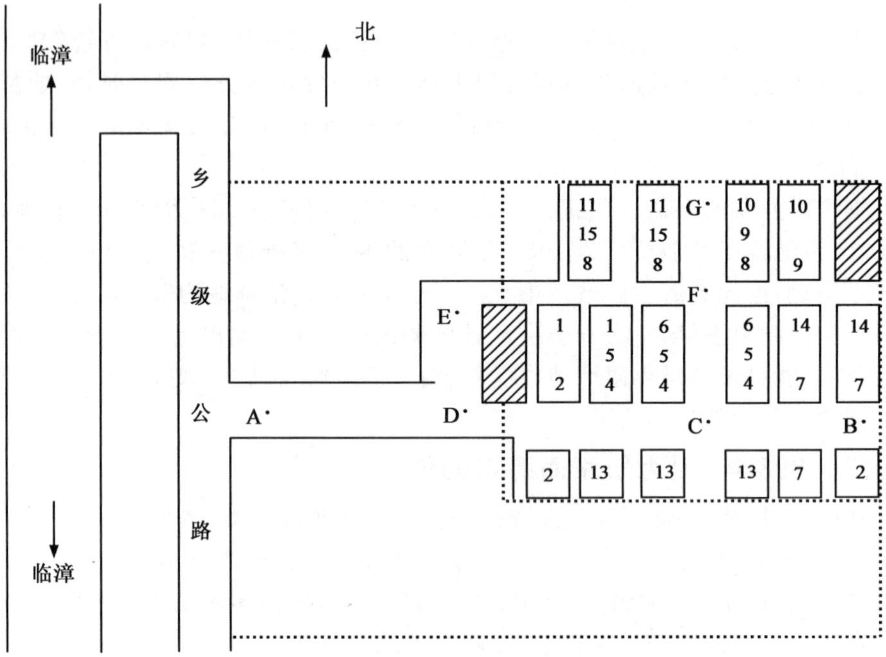

图 1　E 村区位及全域示意图

注:(1)图中虚线大框为全村区域范围,右上角虚线框为村庄所在地

(2)村庄所标“1”“2”……“16”等数字表示各村民小组大概位置

2. 原来,AB 路段完全是土路,由于使用率高,加上雨水的冲刷,路况极差,到 20 世纪 90 年代中期,人车行驶就极其困难。尤其是 1996 年麦收期间,连续几天

下雨，人行、车轧、畜踩，使该路水土流失严重，沟壑不断、水坑连片，直接影响了村民正常的生产与生活。

3. 1996 年是该村党支部、村委会换届年，也是麦收季节刚过。村干部为了给村民办一件好事，根据 AB 路段的情况，经两委班子干部讨论，决定依靠自己的力量，通过向本村农民集资修建 AB 路段。

二、决策过程

第一次会议。1996 年 7 月初召开，参加人主要是两委班子干部。经过讨论，全体村干部意见一致，决定修建 AB 路段，并征求村民小组长的意见。

第二次会议。7 月中旬召开，参加人除了两委班子干部外，还有 16 个村民小组的组长。开始讨论要不要修路的时候，所有的村民组长都认为应该修 AB 路。但当说明要向村民集资修建 AB 路时，各村民小组的意见出现分歧：村庄西北部、距离 AB 路最近的 1、2、3、12 四个村民小组组长的态度积极，愿意集资修建；村庄西南部、靠近 AB 路段南端的 13、4、5、6、7、14 六个村民小组组长的态度也较积极，基本同意收钱，只是距离 AB 路稍远一点的 6、7、14 组感觉收钱的难度较大，但表示只要大家都收，他们也收；处在村庄中部地带的 8 组开始不同意集资修建 AB 路，提出如果增修 DEF 路段，则愿意出钱；而靠近 8 组、依次为 9、15、10、11、16 的五个村民小组，因距离 AB 路最远，明确反对向村民集资修建 AB 路段，提出如果修建 ACG 路段，则愿意出钱，同时 8 组也同意这一方案①。

会议对修建 ACG 路段的方案进行了广泛的讨论：首先，1、2、3、12 组不同意修 CG 路段，理由是 CG 路段与他们没有太大关系；其次，村两委班子干部不同意，理由包括：一是 CG 路段上的障碍物，如树、厕所、墙头等太多，拆除障碍物的协调难度太大；二是如果修 CG 路段，是不是村庄内其他 5 条东西方向的路也要修；三是修建 CG 路段的投资太大，不现实；四是最迫切修建的是 AB 路段，而不是 CG 路段。最后，经过村两委班子协调，决定缩短 AB 路段，修建 AC 路段（975 米）、并增修 DEF 路段（807 米）。

三、预算过程

1. 咨询选料。修路方案确定后，村两委决定修路材料选择钢渣或煤矸石。为准确预算，1996 年 7 月以后，当时分管村农业生产和服务的党支部副支书和村委

---

① 著者注：本段文字中，有关各村民小组的位置好像不是很准确，但原文如此，已经无法准确核对位置。

会副主任，首先到河南安阳钢厂，该钢厂的钢渣是经过精选的，颗粒大小均匀，质量较好，但因价格较高，投资太大；然后，两人又到河北封蜂煤矿，感觉使用煤矸石确实成本较低，但质量不高，修路的效果不好；再然后，两人又到河北邯郸钢厂，该钢厂的钢渣虽然没有经过精选，颗粒大小不均匀，但该厂领导说，钢渣可以不要钱（该村地处邯郸市，与邯郸钢厂同属一市），但条件是，必须使用钢厂的装车工，装车费用为每车 50 元。两人回村汇报情况后，村两委决定使用邯郸钢厂的钢渣。

2. 咨询租车价格。租车费用是修路费用开支最大的一项。于是，两人为咨询租车价格，又分别跑到临漳县运输队和县城西关的坊表村（该村有 50 辆汽车），租车费用都是 400 元/车；在他们外出咨询租车价格的同时，还有本村内外的 5 位农民主动找到村干部，要求为村里修路提供车辆，租车价格也是 400 元/车。

3. 经费预算。修路需要开支的项目有：150 车钢渣（免费）、租车费、装车费、人工费、差旅费、租用压路机等，据此，预算开支为：(1)租车费：400 元/车×150 车＝60 000 元；(2)装车费：50 元/车×150 车＝7 500 元；(3)人工费：10 元/工×200 工＝2 000 元；(4)差旅费：3 000 元；(5)租压路机费：2 000 元。总计预算开支约 7.5 万元。预算收入来源为：(1)村民集资：22 元/人×2 570 人＝56 540 元；(2)组织村干部捐款；(3)组织该村在外工作人员捐款。

四、组织与管理过程

1. 降低成本。为减轻经费压力，村干部决定：(1)租车竞标：竞标条件为，一是每车装钢渣不能低于 18 吨，二是除了租车费用，其他开支村里不负责，三是最高租车竞标价为 350 元/车。结果共有 7 个单位或个人竞标：第一个竞标者说最低租车价为 300 元/车，第二个竞标者说最低租车价为 290 元/车，第三个竞标者说最低租车价为 280 元/车，其他 4 家参与竞标者则不再开价。最后，中标者是本村小学一代课教师，租车价格为 280 元/车。(2)将 AC 路段由原来设计路宽 6 米改为 5 米，将 CG 路段由原来设计路宽 5 米改为 4.5 米。

2. 村民管理。为了让村民放心，也为了好向村民收取集资款，村两委决定，由村民自己管理修路工程，所有收支不进入村级财务账目。具体为：一是成立 5 人管理小组。首先由村两委提出管理小组 5 名人选，分别为刘士林、王德和、王照喜、刘俊亭、李金生（由于该村两委干部大都是张姓村民，只有 1 名外姓村民，所以 5 名候选人都是非张姓村民），然后召开村民代表大会，村民代表认为 5 名候选人既有能力，办事又公道，并一致通过。二是分工：刘士林负责全面工作并管账（刘士林于

20世纪60年代曾任大队干部,现在为乡聘退休干部),王德和管现金出纳,王照喜、刘俊亭、李金生共同管理用料和工程验收。三是确定管理小组职责:(1)负责管理修路经费账目;(2)与各村民小组组长配合向村民收取修路集资款;(3)负责组织收取村干部及本村在外工作人员的捐款;(4)负责查验运料车装运的钢渣重量及质量;(5)负责检查工程进度和工程质量验收。

五、经费决算

1. 实际经费收入:(1)村民集资近5万元(与预算相差6 000多元,其中有2 000多元属于贫困户尾欠,有3 800多元为4个村民小组组长借口村里欠他钱而没有交);(2)村干部捐款:1 460元(其中村支书300元,乡包村干部200元,村主任100元,村副支书100元,村副主任60元,其他人都是50元,共18名村组干部);(3)该村在外工作人员捐款:8 600元。总计收入约6万元。

2. 实际经费开支:在修路过程中,实际使用钢渣115车,使用封蜂煤矿的煤矸石石子22车,还有地下流水管、油料等。总计开支:(1)运输钢渣租车费用:280元/车×115车=32 200元;(2)钢渣装车费:50元/车×115车=5 750元;(3)购买煤矸石料费:200元/车×22车=4 400元;(4)运输煤矸石料租车费:500元/车×22车=11 000元(距离远);(5)煤矸石料装车费:80元/车×22车=1 760元;(6)租用压路机及油费:800元;(7)人工费:1 200元;(8)购买地下流水管费:2 000元;(9)差旅费:500元。总计开支近6万元。

虽然该修路工程收支基本平衡,但遗留问题是:(1)村民集资尾欠及村民小组组长截留集资款的问题没有解决;(2)修路账目至今没有向村民公开。

(朱守银整理)

摘自宋洪远等著,《中国乡村财政与公共管理研究》第264-269页,中国财政经济出版社,2003年。

附件7　H镇农技服务考核评分表

H镇农村公益性农技服务第二季度考核评分表

考核对象：

项目	分值	细则	分值	考核得分	考核办法	备注
1.农技培训	20	以村为单位组织一期培训班	4		培训一个村计2分，访村组干部	
		以组为单位组织一期培训班	16		培训一个组计0.5分，访组长查《村级考核表》不另加分、扣分	
2.农技推广	25	按要求示范推广软盘抛秧技术	10		按示范推广完成比例计分	
		按要求示范推广撒直播等	10		实地察看，查看工作人员日志	
		按要求示范推广稻鸭共育技术	5		实地察看，查看工作人员日志	
3.农作物病虫害防治指导	20	农作物病虫害监测，及时向区农业局、镇政府、村上报监测情况和病虫害发生情况	5		查看资料、记录	
		病虫害防治资料发放	10		按入户调查结果的比例计分	
		水稻病虫害防治效果	5		水稻病虫害率控制在5%以下得满分	
4.科技示范户培植	15	建立科技示范户上门服务主动	5		查档案	
		每组建立2户	10		差一户扣0.2分，直到扣完为止	
5.一封信发放	15	发放及时到位	15		按入户调查结果比例计分	
6.服务人员资料日志	5	日志齐全，签字规范	5		查服务人员日志、资料	
7.考勤		迟到1次扣10元，旷工1次扣20元				

考核组长签字：　　分管领导签字：　　调查员签字：　　服务人员签字：

H镇农村公益性农技服务第三季度考核评分表

考核对象：

项目	分值	细则	分值	考核得分	考核办法	考核记载
1.病虫害监测	15	加强对农作物病虫害的监测，定时观察作好记载	15		没有观察记载的本项不计分，记载不完整的酌情扣分	
2.病虫害技术指导	25	进行病虫害防治技术指导	15		按入户比列计分，入户率低于60%的不计分	
		病虫害综合损失率	10		损失率在8%以下计满分，损失率每上升5个百分点扣1分	
3.在田作物管理	5	指导农户搞好在田作物管理	5		按入户比例计分	
4.秋播生产	10	入户指导农户搞好秋播种植安排	5		按入户比例计分	
		油菜示范片	5		在每村办一个20亩以上油菜育苗示范片计2.5分。本项不加计分	
5.基础性工作	15	各项试验、示范的记载总结齐全、规范	5			
		资料归档及时完整	5			
		服务日志详细规范	5			
6.群众满意度	20	群众满意度在90%以上计满分，每下降5个百分点扣1分，扣完为止	20			
7.农业局对服务人员工作考评	10		10			

考核组长签字：　　　分管领导签字：　　　调查员签字：　　　服务人员签字：

H镇农村公益性农技服务考核入户调查表

村组	农户	是否参加培训		宣传资料发放情况			是否应用中稻直播技术（品种、面积）	是否应用中稻抛秧技术（品种、面积）	是否应用稻鸭共育技术	你村农技人员是谁	本季度农技人员是否到你家	对农技人员服务是否满意	农户签字
		本村	本组	是否收到一封信	是否收到病虫害防治资料	其他资料							

考核组长签字：　　村干部签字：　　组长签字：　　调查员签字：

群众满意度测评调查表

服务项目：　　　　　　　　服务人员姓名：　　　　　　　　2007 年　月　日

农户姓名	满意	不满意	村组	农户姓名	满意	不满意	村组

第六章　数据文字资料搜集与整理

一、数据文字资料分类

顾名思义，数据文字资料可分为数据资料和文字资料两类。数据资料既包括政府部门统计报表数据，也包括研究机构与个人调查数据，还包括各类论文、论著和其他文章提供的研究数据及其引用数据等。这里的文字资料，专指地方政府部门发出的文件、通知以及业务工作报告、工作总结和领导讲话等，不包括学术研究文献和法律、法规、政策文本[①]。本章重点介绍统计报表数据、调查数据和文字资料的搜集、整理、录入及校正。

二、统计报表数据搜集与整理

（一）统计报表数据及搜集渠道

统计报表数据，分为统计数据和报表数据。

所谓统计数据，是指由政府统计部门或主管部门统计发布且具有时间连续性的数据。统计数据，是国家的法定数据，有很高的权威性和代表性。

所谓报表数据，是指为跟踪某项工作进展或反映生产经营状况，由政府主管部门或企业法人统计提供的数据，具有偶然性，其权威性不如统计数据，但也有重要参考和研究价值。比如，为了掌握和了解新型农业经营主体发展情况，农业部经管司要求省级农经管理部门提供省级专业大户、家庭农场、农民专业合作社和农业产业化龙头企业等新型农业经营主体的数量、经营规模等信息，省级农经管理部门要求县级农经管理部门提供县级专业大户、家庭农场、农民专业合作社和农业产业化龙头企业等新型农业经营主体的数量、经营规模等信息。这些统计数据都属于报

① 学术研究文献和法律、法规、政策等文字资料的搜集与整理，本书第三章有论述。

表数据，是农业部门为掌握新型农业经营主体发展情况而进行的专项统计。

法定统计数据与报表数据最大的区别在于：法定统计数据具有连续性，会连续多年进行统计；报表数据具有偶然性，今年统计上报了，明年可能不再统计上报。统计数据可以从政府统计部门或主管部门出版的统计年鉴、行业白皮书中查到，统计年鉴和行业白皮书可以自己购买，也可以去图书馆借阅，还可以从网上购买电子版。报表数据，主要供内部参考，一般只能在主管部门查找到。

(二)统计报表数据分类

按不同标准，统计报表数据可区分为不同类型。

按行政层级分，可分为全国和省级、市级、县级以及乡镇级统计报表数据。有些地方，村级也有统计报表数据。

按综合程度分，可分为综合统计数据和部门、专业统计数据。比如，国民生产总值及其构成属综合统计数据，各类农产品播种面积和产量数据属部门、专业统计数据。一般而言，政府主管部门都有针对本部门的专业统计数据。

按空间和时间维度分，可分为横截面数据、时间序列数据和面板数据(也称混合数据)。所谓横截面数据，是指某个统计时间内、不同统计单位同一个统计指标数据。比如，2016 年全国 31 个省、市、自治区国民生产总值统计数据。所谓时间序列数据，是指不同统计时间内同一个统计指标数据。比如，1949—2016 年全国粮食产量统计数据。所谓面板数据，是指由横截面数据和时间序列数据共同构成的数据，比如 1980—1984 年全国各省、市、自治区粮食产量统计数据。

我们查找统计年鉴时，横截面数据和时间序列数据最为常见。个别情况下，统计年鉴也直接提供面板数据。比如，在 2000 年《中国人口统计年鉴》第 434 页可以查到 1995—1999 年全国各省、自治区、直辖市的总人口数据。一般而言，面板数据只有在研究过程中才能遇到，研究人员常常将横截面数据和时间序列数据混在一起使用。

(三)统计报表数据搜集与整理中的常见问题

1. 因统计口径不同，导致统计数据差异[①]

因统计口径导致统计数据差异，比较典型的有市、镇数量和市镇人口(城乡人

① 本部分数据根据历年《中国统计年鉴》、历年《中国民政年鉴》和网络资料综合整理。

口)等统计指标及数据。

(1)市、镇设置标准调整导致市、镇个数和市、镇人口变化。中华人民共和国成立后,国务院于1955年前后对市、镇设置标准做出规定。此后,又先后于1963年和1984年对建制镇设置标准做出调整;于1963年、1986年和1993年对设市标准做出调整。见表6.1。①1963年提高市、镇设置标准,相应减少了市、镇数量和市、镇人口。1963年,设市关键指标常住人口由1955年的2万人以上提高到10万人以上,设市标准提高后城市数量有所减少,1962年全国有198个城市,到1970年全国只有176个城市,城市减少了22个[①];设镇关键指标由常住人口2 000人以上、非农业人口50%以上提高到常住人口3 000人以上、非农业人口70%,设镇标准提高后建制镇数量大幅减少,1962年全国有4 219个镇,1965年全国只有2 902个镇[②],短短三年时间,全国建制镇减少1 317个,减少了31.2%。市、镇数量减少,导致市、镇人口减少。②20世纪80年代开始降低市、镇设置标准,相应增加了市、镇数量和市、镇人口。相比于1963年市、镇标准,1984年调整后的设镇标准和1986年调整后的设市标准都有所放宽,导致市、镇数量增加。比如,1984年11月设镇标准调整后,1985年全国建制镇7 956个,比1984年增加770个,增加了10.7%;1986年全国建制镇9 755个,比1985年增加1 799个,增加了22.6%。1986年4月设市标准调整后,1986年全国县级市184个,比1985年增加25个,增加15.7%;1987年全国县级市208个,比1986年增加24个,增加13%。市、镇数量增加,导致市、镇人口增加。比如,1986年《中国统计年鉴》公布的1985年全国市镇人口数据为38 244万人,比1984年的33 006万人增加了5 238万人,增长了15.9%。常识告诉我们,城镇人口不可能在一年之内自然增长159‰。1950—1985年间,全国人口自然增长率最高的年份是1963年,达到33.33‰;城市人口自然增长率最高的年份也是1963年,达到37.37‰。统计数据显示,1985年全国人口自然增长率和城市人口自然增长率分别只有11.23‰和8.06‰。因此,1985年增加的市镇人口有很多是由于市、镇设置标准调整因素引起的。这里,需要特别指出的是,对于20世纪80年代中期后出现的市、镇数量和市、镇人口显著增加,市、镇设置标准放宽只是一个影响因素,另一个不可忽视的影响因素是期间各地地方政府积极推动撤乡建镇和撤县建市。

①② 张庆五,《中国城乡划分与城镇人口统计问题》,《人口与经济》1989年第3期第3-7页。

表 6.1　中华人民共和国成立以来我国市、镇设置主要标准调整情况

年份	文件	市、镇设置主要标准(详细内容见文件)
1955 年	国务院《关于设置市、镇建制的规定》(1955 年 6 月)	(1)聚居人口 10 万以上的城镇或省领导的规模较大的工矿基地,可设置市建制; (2)县级(含)以上地方国家机关所在地或由县领导的规模较小的工矿基地,可设置镇建制。
1955 年	国务院《关于城乡划分标准的规定》(1955 年 11 月)	城市包括: (1)中央直辖市、省辖市; (2)常住人口 2 万人以上的县以上人民委员会所在地和工商业地区。 集镇包括: (1)设置市人民委员会的地区和县(旗)以上人民委员会所在地; (2)常住人口在 2 000 人以上,居民 50%以上是非农业人口的居民区; (3)工矿企业、铁路站、工商中心等常住人口超过 1 000 人且非农业人口超过 75%的地区。
1962 年	中共中央、国务院《关于当前城市工作若干问题的指示》(1962 年 10 月)	人口 10 万以下的城镇,没必要设市,应当撤销市建制。
1963 年	中共中央、国务院《关于调整市镇建制、缩小城市郊区的指示》(1963 年 12 月)	(1)聚集人口 10 万人以上的,方可设市; (2)工商业和手工业相对集中、聚居人口在 3 000 人以上、非农业人口占 70%以上,或者聚居人口在 2 500～3 000 人、非农业人口占 85%以上,可设镇。
1984 年	国务院批准民政部《关于调整建镇标准报告的通知》(1984 年 11 月)	(1)县级地方国家机关所在地,均设镇; (2)总人口 2 万人以下的乡,乡政府驻地非农人口超过 2 000 人,可设镇; (3)总人口 2 万人以上的乡,乡政府驻地非农人口占全乡人口 10%以上的,可设镇; (4)少数民族地区和边远地区等地,非农人口不足 2 000,也可设镇。

续表 6.1

年份	文件	市、镇设置主要标准(详细内容见文件)
1986 年	国务院批转民政部《关于调整设市标准和市领导县条件报告的通知》(1986 年 4 月)	(1)非农业人口 6 万以上、年国民生产总值 2 亿以上,可设市; (2)50 万人人口以下县,县政府所在地非农人口 10 万以上,年国民生产总值 3 亿以上,可设市; (3)50 万人人口以上县,县政府所在地非农人口 12 万以上,年国民生产总值 4 亿以上,可设市。
1993 年	国务院批转民政部《关于调整设市标准报告的通知》(1993 年 5 月)	(1) 县级市标准:包括五种情形(详见文件); (2)地级市标准:包括非农业人口、工农业总产值、国内生产总值、三次产业比重、地方本级预算内财政收入等指标。

注:本表通过搜集网络资料整理得出。

(2)市、镇人口统计口径不一致导致市镇人口数据差异。以 1982 年至 1991 年为例,我国统计市镇人口数据时,先后采用过两种不同统计口径。1982 年第三次人口普查市、镇人口统计口径为:市人口是指市辖区内的全部人口(含市辖镇,但不含市辖县),镇人口是指县辖镇的人口(不含市辖镇)。1990 年第四次人口普查采用了两种统计口径,即 1982 年口径和 1990 年新口径。1990 年市镇人口新口径为:市人口指设区的市所辖的区人口和不设区的市所辖的街道人口,镇人口指不设区的市所辖镇的居委会人口和县辖镇的居委会人口。与 1982 年口径比,1990 年新口径有三大变化。第一,将市细分为设区的市和不设区的市,缩小市人口统计范围。1982 年口径将设区的市和不设区的市辖区内人口全部统计为市人口;1990 年口径只将设区的市辖区内的人口全部统计为市人口。对于不设区的市,只将其街道人口统计为市人口。第二,不设区的市所辖镇划为镇统计范围。1982 年口径将不设区的市所辖镇人口统计为市人口,1990 年新口径将不设区的市所辖镇人口统计为镇人口。第三,缩小镇人口统计范围。1982 年口径将县辖镇的人口全部统计为镇人口,1992 年新口径只将县辖镇居委会人口统计为镇人口。在表 6.2 中,1990 年《中国统计年鉴》提供的 1983—1989 年全国市镇人口数据是按 1982 年口径统计的,1991 年《中国统计年鉴》提供的 1983—1989 年全国市镇人口数据是按 1990 新口径统计的。显然,1982 年口径统计数据明显大于 1990 年新口径统计数据。以 1989 年全国市镇人口数据为例,1982 年口径统计数据为 57 494 万人,1990 年新口径统计数据为 29 540 万人,前者比后者多出 27 954 万人,多出近一半人口(48.6%)。根据中国 1990 年人口普查资料,按 1982 年口径统计,1990 年全国市镇人口为 4.72 亿人,其中 57.68%是农业人口;按 1990 年新口径统计,1990 年全国市镇人口为2.96亿人,其中36.5%是农业人口。细心的读者还会发现(表6.2第2、3列粗体数据),尽管1986年和1989年采用的都是1982年统计口径,但1982—1985年市镇人口数据还是有差异,1989年《中国统计年鉴》对此做了解释,即这种差异是由于1989年对1982年以后的数据做了调整,这种调整是根据1982年人口普查数据和历年人口变动抽样调整数据进行推算的。事实上,2000年第五次全国人口普查采用了不同于1990年口径的新口径[1],2006年又采用了不同于2000年口径的新口径[2]。因此,利用市镇人口数据时,要特别注意统计口径差异导致的数据差异。

表6.2　历年《中国统计年鉴》1950—1990年全国市镇总人口数据对比　　万人

年份	1986年年鉴	1989年年鉴	1990年年鉴	1991年年鉴	1995年年鉴	2010年年鉴	2014年年鉴
1950年	6 169	6 169	6 169	6 169	—	6 169	6 169
1960年	13 073	13 073	13 073	13 073	—	13 073	13 073
1970年	14 424	14 424	14 424	14 424	14 424	14 424	14 424
1980年	19 140	19 140	19 140	19 140	19 140	19 140	19 140
1981年	20 171	20 171	20 171	20 171	—	20 171	20 171
1982年	**21 154**	**21 131**	21 131	21 480	—	21 480	21 480
1983年	**24 126**	**24 150**	*24 150*	*22 274*	—	22 274	22 274
1984年	**33 006**	**33 136**	*33 136*	*24 017*	—	24 017	24 017
1985年	**38 244**	**38 446**	*38 446*	*25 094*	25 094	25 094	25 094
1986年	—	44 103	*44 103*	*26 366*	26 366	26 366	26 366
1987年	—	50 362	*50 362*	*27 674*	27 674	27 674	27 674
1988年	—	54 369	*54 369*	*28 661*	28 661	28 661	28 661
1989年	—	—	*57 494*	*29 540*	29 540	29 540	29 540
1990年	—	—		**30 191**	**30 191**	**30 195**	**30 195**

注:本表数据摘自历年《中国统计年鉴》。

① 详见国家统计局《关于统计上划分城乡的规定》(试行)(1999年)。

② 详见《关于统计上划分城乡的暂行规定》(2006年)。

2. 前后数据不一致

以耕地面积数据为例，1996 年以前全国各年份耕地面积数据明显小于 1997 年后各年份耕地面积数据(表 6.3)。1996 年《中国统计年鉴》公布 1995 年末全国实有耕地面积 94 971 千公顷，2000 年《中国统计年鉴》公布 1996 年农业普查耕地面积 130 039.3 千公顷，后者比前者多 35 068.3 千公顷、高出 36.93%。分地区看，除北京市农业普查耕地面积数据比年报数据低外，其他 29 个省、自治区、直辖市农业普查耕地面积数据均比年报数据高。贵州、云南、海南、广西、西藏、宁夏、陕西、内蒙古、四川等西部省区多出耕地面积比重排名靠前，分列第 1 至第 9 位。

表 6.3　1996 年《中国统计年鉴》耕地面积与 1996 年农业普查耕地面积对比　千公顷、%

省区	1996 年农业普查耕地面积(1996 年 10 月 31 日时点数)	1996 年《中国统计年鉴》耕地面积(1995 年末)	普查数据与年鉴数据差异	差异排名
贵州	4 903.5	1 840	166.49	1
云南	6 421.6	2 870.6	123.7	2
海南	762.1	429.2	77.56	3
广西	4 407.9	2 614.2	68.61	4
西藏	362.6	222.1	63.26	5
宁夏	1 268.8	807.2	57.19	6
陕西	5 140.5	3 393.4	51.49	7
内蒙古	8 201	5 491.4	49.34	8
四川	9 169.1	6 189.6	48.14	9
湖北	4 949.5	3 358	47.39	10
甘肃	5 024.7	3 482.5	44.28	11
广东	3 272.2	2 317.3	41.21	12
吉林	5 578.4	3 953.2	41.11	13
安徽	5 971.7	4 291.1	39.16	14
浙江	2 125.3	1 617.8	31.37	15
黑龙江	11 773	8 995.3	30.88	16
江西	2 993.4	2 308.4	29.67	17

续表 6.3

省区	1996 年农业普查耕地面积（1996 年 10 月 31 日时点数）	1996 年《中国统计年鉴》耕地面积（1995 年末）	普查数据与年鉴数据差异	差异排名
新疆	3 985.7	3 128.3	27.41	18
山西	4 588.6	3 645.1	25.88	19
辽宁	4 174.8	3 389.7	23.16	20
全国合计	**130 039.3**	**94 971**	**36.93**	

注：①本表数据摘自《中国统计年鉴》（1996 年、2000 年）。

②为节省篇幅，本表只列出差异排名前 20 位省级单位数据。

2008 年 2 月，全国农业普查办公室、国土资源部和国家统计局共同发布第二次全国农业普查耕地面积数据，截止到 2006 年 10 月 31 日，中国大陆地区耕地面积为 121 775.9 千公顷①，比 1996 年第一次农业普查数据减少了 8 263.4 千公顷。第二次农业普查耕地面积数据小于第一次农业普查耕地面积数据，这个变化与以下两个重要事件在逻辑上相吻合。第一，我国正处于快速城镇化发展阶段，工商业和基础设施建设用地会挤占耕地资源。第二，自 1999 年起，我国实行退耕还林政策。根据《退耕还林工程规划》（2001—2010），到 2010 年累计退耕还林面积 1 467 万公顷。有意思的是，2013 年 12 月 30 日国土资源部和国家统计局联合发布《第二次全国土地调查主要数据成果公报》，全国实有耕地面积 13 538.5 万公顷（以 2009 年 12 月 31 日汇总时点），比 2006 年第二次农业普查数还多了 1 360.9 万公顷（高出 11.1%），相当于全国增加了一个河南省和一个江苏省的耕地面积。

耕地面积数据前后不一致，主要有两方面原因。一是计量单位标准差异，致使各级上报数据与真实面积存在差异。依据国家标准，1 亩应当等于 667 平方米（60 平方丈），但我国农村地区很多地方的“习惯亩”1 亩不是 667 平方米。1999 年我们在安徽调查时发现 1 亩是 867 平方米（即 78 平方丈）；2004 年在湖北潜江和江西吉安两地的调查又有新发现，有些村 1 亩等于 500 平方米，有些村 1 亩等于 667 平方米，有些村 1 亩等于 880 平方米，有些村 1 亩等于 1 000 平方米。在习惯于用“亩”作为计量单位的年代，尽管村组集体上报数据时，上报的都是若干亩，但由于此“亩”非彼“亩”，致使真实面积与上报面积存差异。比如，某村民小组上报耕地面积为 100 亩，若当地 1 亩等于 1 000 平方米或 880 平方米，其实际耕地面积折为“标准亩”应为 150 亩或 132 亩。二是各级瞒报数据。为了少缴公粮和税费，村

① 见《第二次全国农业普查主要数据公报》（第六号），2008 年 2 月 29 日。

组集体甚至地方政府有意隐瞒耕地面积，这种现象在全国很多地方都存在。国家实行粮食直补后，我们有次在东北某省调研，该省有关部门反映他们有上千万亩耕地没有获得粮食直补，农民有意见，希望中央政府解决这个问题。据说，这个情况还真反映到了财政部，财政部不同意将这些多出的耕地纳入直补[①]。理由很简单，该省历年计税面积中不包括这些耕地。从财政补助角度看，不将这些耕地纳入补助范围是有道理的，你过去没缴税，现在也就不给补贴。从耕地面积统计角度看，这些多出来的耕地应当作为新增耕地统计到耕地面积中来。

3. 省级加总数据与全国数据存差异

省级加总数据与全国数据不一致，最明显的就是国内生产总值指标。以 2001 年为例，按当年价格计算的全国 GDP 数据为 95 933.3 亿元，按当年价格计算的 31 个省级单位 GDP 加总数据为 106 631.26 亿元，省级加总数据比全国数据多 10 697.96 亿元(相当于多出了 3.8 个北京市的 GDP)，省级加总数据比全国数据高出 11.15%。表 6.4 列出的其他 7 个年份同样存在省级加总数据比全国数据高的情形，2011—2013 年省级加总数据与全国数据差异基本稳定，前者比后者高 11.28%左右。

表 6.4　按当年价格计算的省级 GDP 数据(合计)与全国 GDP 数据差异对比　　亿元

省区	1998 年	1999 年	2000 年	2001 年	2010 年	2011 年	2012 年	2013 年
北京	2 011.31	2 174.46	2 478.86	2 845.65	14 113.58	16 251.93	17 879.40	19 500.56
天津	1 336.38	1 450.06	1 639.36	1 840.10	9 224.46	11 307.28	12 893.88	14 370.16
河北	4 256.01	4 569.19	5 088.96	5 577.78	20 394.26	24 515.76	26 575.01	28 301.41
辽宁	3 881.73	4 171.69	4 669.06	5 033.08	18 457.27	22 226.70	24 846.43	27 077.65
黑龙江	2 798.89	2 897.41	3 253.00	3 561.00	10 368.60	12 582.00	13 691.58	14 382.93
江苏	7 199.95	7 697.82	8 582.73	9 511.91	41 425.48	49 110.27	54 058.22	59 161.75
浙江	4 987.50	5 364.89	6 036.34	6 748.15	27 722.31	32 318.85	34 665.33	37 568.49
安徽	2 805.45	2 908.58	3 038.24	3 290.13	12 539.33	15 300.65	17 212.05	19 038.87
福建	3 286.56	3 550.24	3 920.07	4 253.68	14 737.12	17 560.18	19 701.78	21 759.64
山东	7 162.20	7 662.10	8 542.44	9 348.31	39 169.92	45 361.85	50 013.24	54 684.33

① 当时与省级政府部门座谈时，有关部门口头提及了这个数据与信息，但未能向我们提供书面材料，其真实性有待进一步核实。

续表 6.4

省区	1998 年	1999 年	2000 年	2001 年	2010 年	2011 年	2012 年	2013 年
河南	4 356.60	4 576.10	5 137.66	5 640.11	23 092.36	26 931.03	29 599.31	32 155.86
湖南	3 118.09	3 326.75	3 691.88	3 938.00	16 037.96	19 669.56	22 154.23	24 501.67
广东	7 919.12	8 464.31	9 662.23	10 647.71	46 013.06	53 210.28	57 067.92	62 163.97
海南	438.92	471.23	518.48	545.96	2 064.50	2 522.66	2 855.54	3 146.46
重庆	1 429.26	1 479.71	1 589.34	1 749.77	7 925.58	10 011.37	11 409.60	12 656.69
四川	3 580.26	3 711.61	4 010.25	4 421.76	17 185.48	21 026.68	23 872.80	26 260.77
贵州	841.88	911.86	993.53	1 084.90	4 602.16	5 701.84	6 852.20	8 006.79
云南	1 793.90	1 855.74	1 955.09	2 074.71	7 224.18	8 893.12	10 309.47	11 720.91
陕西	1 381.53	1 487.61	1 660.92	1 844.27	10 123.48	12 512.30	14 453.68	16 045.21
甘肃	869.75	931.98	983.36	1 072.51	4 120.75	5 020.37	5 650.20	6 268.01
新疆	1 116.67	1 168.55	1 364.36	1 485.48	5 437.47	6 610.05	7 505.31	8 360.24
31 个省级单位合计	82 494.34	87 553.14	97 209.47	106 631.26	437 221.99	521 441.11	576 552.66	630 009.34
全国 GDP	78 345.20	82 067.50	89 442.20	95 933.30	399 759.50	468 562.40	518 214.70	566 130.20
绝对差额	4 149.14	5 485.64	7 767.27	10 697.96	37 462.49	52 878.71	58 337.96	63 879.14
相对差额(%)	5.30	6.68	8.68	11.15	9.37	11.29	11.26	11.28

注：①本表数据摘自《中国统计年鉴》(2002 年、2014 年)。
②为节省篇幅，本表只列出部分省份数据。

省级加总 GDP 数据与全国 GDP 数据不一致，主要有如下几方面原因。一是重复统计。比如，很多国有大中型企业和民营公司在多个省份设立了子公司或分支机构，公司总部所在省份统计了公司当年全部总收入，各分支机构所在省份再次统计子公司或分支机构收入，出现多次重复计算收入。二是与 GDP 核算方法有关。长期以来，我国 GDP 实行分级核算制度，即国家统计局核算国家的 GDP，省级统计局核算本省 GDP。三是地方政府追求 GDP 增长政绩。一些地方政府过分追求 GDP 增长速度和 GDP 排名，夸大 GDP 总量和增长速度。

4. 因计量单位不一致,前后数据有差异

在过去相当长一段时间里,我国统计数据发布习惯使用传统计量单位,比如用“亩”作为面积计量单位,用“斤”、“担”作为重量计量单位。由于计量单位不同,同一年份数据存在差异。比如,1990 年《中国统计年鉴》提供的全国 1989 年末实有耕地面积为 143 484 万亩、全年农作物总播种面积为 219 831 万亩,1996 年《中国统计年鉴》提供的全国 1989 年末实有耕地面积为 95 656 千公顷、全年农作物总播种面积为 146 554 千公顷。两本统计年鉴提供的同年份数据差异,完全因计量单位不一致引起,将计量单位“亩”折为“公顷”或将“公顷”折为“亩”后,数据完全一致。再比如,1980 年国家统计局《全国农业统计资料》提供的 1979 年全国粮食总产量为 6 642.3 亿斤,1986 年《中国统计年鉴》提供的 1979 年全国粮食总产量为 33 212 万吨,两本统计年鉴提供的同年份数据差异,也完全因计量单位不一致引起,将“斤”折算为“吨”或“吨”折算为“斤”后,数据完全一致。此外,在统计经济作物时,我国还曾经用过“担”这个计量单位。比如,1980 年国家统计局《全国农业统计资料》提供的 1979 年棉花总产量为 4 414.7 万担,1986 年《中国统计年鉴》提供的 1979 年棉花总产量为 220.7 万吨,将“1 担”换算为“100 斤”、再将“斤”换算为“吨”,或者将“吨”换算为“斤”、再将“斤”换算为“担”,数据完全一致。在中国南方,很多农村都习惯用“担”这个计量单位,“1 担”就是“100 斤”。

三、调查数据录入与校正

(一)调查数据录入与校正的教训

1. 初次接触调查数据与数据分析工作

1994—1995 年,为完成硕士毕业论文,我先后两次赴湖南省宁乡县和汉寿县进行调查。第一次调查是 1994 年底赴宁乡和汉寿两县进行初步考察,以确定论文研究方向和题目。考察持续了 15 天时间,期间主要做了三件事。一是到两县农调队收集农户调查数据,熟悉农调队农户调查指标及相关数据。二是到宁乡金湖村和汉寿永丰村访问村、组干部,了解和掌握村、组干部对粮食价格和粮食生产问题的看法。三是根据两地调查情况,初步将论文题目确定为“粮食价格对农户影响的实证分析”。这是我第一次接触政府权威部门农户调查数据,心情异常兴奋。第二次调查是 1995 年初赴宁乡金湖村和汉寿永丰村进行为期 1 个月的实地入户调查,

在两村随机调查访问128农户，主要任务就是填写“粮食价格对农户的影响”调查问卷。调查问卷包括两部分内容，第一部分是收集1992—1994年农户家庭人口、劳动力、承包耕地面积、经营耕地面积、各类农作物播种面积及产量、粮食定购任务及出售农产品数量、水稻亩均施肥水平、亩均用工量及当地日工价等相关信息；第二部分包括与粮食价格、粮食生产有关的13个选择题和4个简答题。调查数据处理方法非常简单，调查问卷第一部分数据用LOTUS软件处理，第二部分选择题采用原始的画“正”字方法统计。画“正”字的统计方法，有明显的局限，一是只适用于小样本数据统计，二是无法做变量交叉分析和更复杂的统计分析。这两个局限性是我后来到农业部农研中心工作以后才认识到的，直到论文答辩顺利通过和研究生毕业，我都没有觉察到数据录入与校对工作的重要性。

2. 调查数据录入与校正的教训

到农业部农研中心工作后，我有机会经常接触调查数据录入、校正与分析工作，接触的调查数据主要来自两个渠道(表6.5)，一是研究课题专门调查，二是全国农村固定观察点村级和农户调查。由于缺乏经验，在前几次处理调查数据过程中走了不少弯路。

表6.5　1996年以来著者参加的主要调查数据录入、校正与分析工作

年份	调研主题与数据处理	数据规模
1996—1997年	深化农村土地制度建设试验研究 (课题组调查数据，录入、校正与分析)	2个省、4个县、12个乡镇的36个行政村调查数据和1 080户农户调查数据
2000年	村级集体经济与治理 (全国农村固定观察点数据，校正与分析)	1986—1999年全国农村固定观察点所有样本村村级调查数据
1999—2002年	农村土地制度 (课题组调查数据，录入、校正与分析)	6个省、12个县、36个乡镇的36个行政村调查数据、90个村民小组调查数据和824户农户调查数据
2004—2005年	粮食综合生产能力 (课题组调查数据，录入、校正与分析)	2个省、2个县、6个乡镇的6个行政村调查数据和106户农户数据
2006—2008年	乡镇职能 (课题组调查数据，录入、校正与分析)	3个省、5个县市的5个乡镇调查数据、15个行政村调查数据和305户农户调查数据

续表 6.5

年份	调研主题与数据处理	数据规模
2009—2010 年	农村邮政服务发展（课题组调查数据，录入、校正与分析）	4 个省、9 个县市的 18 个乡镇邮局、36 条邮路、28 个乡镇的 102 个行政村调查数据，41 名邮政投递员调查数据和 333 户用邮农户调查数据
2010 年	农地流转与农业生产效率（全国农村固定观察点数据，校正与分析）	1986—2009 年全国农村固定观察点所有样本农户调查数据；最少年份样本农户 19 483 户，最多年份样本农户 27 505 户
2009—2011 年	农户兼业与农地流转（全国农村固定观察点数据，校正与分析）	5 个省 1996—2008 年所有固定观察农户调查数据；最少年份样本农户 4 332 户，最多年份样本农户 4 693 户
2013—2014 年	农村土地政策执行评估（课题组调查数据，录入、校正与分析）	11 个省、98 个县的 101 个固定观察村调查数据和 1 100 户固定观察农户调查数据

在组织处理 1996—1997 年深化农村土地制度建设试验研究调查数据时，我犯过 4 个常识性错误。一是将所有变量录入同一个数据表格。将所有变量录入同一个数据表格，原本是为了处理数据方便，打开数据表格就可以找到所有变量。事后结果证明，一个数据表格包含过多变量，用起来很不方便。二是多选题数据录入格式错误。在刚开始录入时，将多项选择题答案录在同一个变量里。比如，某个多项选择题共有 5 个选项，选 1、3、5 选项的，在变量里录入数字 135；选 2、4 选项的，在变量里录入 24。好在录入工作进行不到一半时，及时发现并纠正了这种错误录法。三是校正数据时，只对单个变量进行奇异值处理，未能也没有意识到要对多个变量同时进行数量平衡与逻辑关系及奇异值处理。四是分析数据时，只对单个变量进行简单统计分析，未能也不会对多个变量进行交叉分析。

在组织处理 1999 年农村土地制度调查数据时①，由于缺乏经验，数据录入与校正工作遇到很大麻烦。组织数据录入时遇到的一个难题是，不知道如何录入多维统计表格数据。在校正数据阶段，我犯了一个严重错误：仅对单个变量进行奇异值处理后，就将数据交给课题组其他成员进行统计分析。结果可想而知，写出来的各专题研究报告相关数据不一致，甚至矛盾。不得已，只好暂停数据分析与研究报告写作，重新统一组织数据校正工作。由于没有校正大样本数据的经验，我不得不向北京大学中国经济研究中心的赵耀辉教授和姚洋教授求助，他俩都是我们这个课题组的成员，多次参加该课题调查问卷的修改讨论工作。由于姚洋教授马上要

① 这次调查样本量大、变量多，调查共获取近 70 万个数据。

出国，赵耀辉教授爽快地答应了我的请求。于是，我们将所有调查问卷和录入数据搬到北大朗润园，赵耀辉教授、北大中国经济研究中心的研究生吴斌珍、王洪与我共同奋斗了近 20 天，将所有数据清理完毕。这是我第一次真正意义上参加大样本数据清理，先是依据各种数量平衡与逻辑关系找出问题数据，然后再去翻阅问卷进行核对。有些是数据录入错误，直接更正就可以了；有些是问卷填写错误，需要逐个甄别；还有些需要从同一个村组其他农户问卷查找信息进行弥补或更正。数据清理工作枯燥乏味，有些问卷不知道翻过多少遍，难怪人们常将数据清理视为“垃圾活”。在我记忆里，有好几个晚上都是凌晨 1～2 点才离开北大朗润园返回万寿路住处。与白天完全不同，深夜的北京西三环，多是呼啸而过的大型卡车。

在经历表 6.5 所列前三项大样本数据校正工作后，我真正认识到数据录入与校正工作的重要性。自此，养成了处理任何数据都必须先进行数据校正的好习惯。

（二）调查数据录入

调查数据录入，可以直接由课题组成员自己录入，也可委托他人或者专业数据录入公司录入。若样本量不大，自己直接录入更好。自己直接录入有两个好处，一是便于及时发现和处理录入过程中遇到的各类问题，进而减少数据校正工作量。二是可以节省经费。若样本量很大，还是委托给他人或者专业数据录入公司录入更好。

1. 数据录入前准备工作

数据录入前，需要对调查问卷和调查变量进行编码。调查问卷与调查变量编码，需要遵循如下步骤。

第一步：按行政层次归集调查问卷。以农户调查问卷为例，先按省、市县、乡镇、行政村和村民小组顺序将问卷分别归集。比如，《进一步改革和完善农村土地制度》课题调查了 824 农户，这些农户分布在河北、陕西、安徽、湖南、四川、浙江等 6 省的 12 个县、36 个乡镇的 36 个行政村和 90 个村民小组（河北无村民小组）。我们先将所有农户问卷按省份分别归集，在省内将本省农户问卷按县分别归集，在县内将该县农户问卷按村（或乡镇）分别归集，在行政村村内将农户问卷按村民小组分别归集。问卷归集，主要是为了方便问卷编码，它既可以保证同一个村民小组、同一个行政村、同一个乡镇、同一个市县和同一个省份的农户问卷分别获得相同的村民小组码、行政村码、乡镇码、市县码和省码，也可以保证同一个行政层次的农户问卷编码相连。之所以要按行政层次归集调查问卷，主要是为了方便后期数据校正时查找和翻阅。

第二步：调查问卷编码。对调查问卷所在的省份、市县、乡镇、行政村、村民小组和调查农户分别编码，比如，河北、陕西、安徽、湖南、四川、浙江等 6 省农户调查问卷的省码分别编为数字 1～6(即 1、2、3、4、5、6，下同)，12 个县编码分别为数字 1～12，36 个乡镇编码分别为数字 1～36，36 个行政村编码分别为数字 1～36，90 个村民小组编码分别为数字 1～90，824 户农户编码分别为数字 1～824。需要强调的是，调查问卷编码必须保证编码的唯一性。

第三步：变量编码。完成问卷编码后，接下来应对调查问卷正文所有提问进行变量编码，也就是给每个提问及其答案起一个名字。通常，变量名字由英文字母开头，后面跟一串符合某种习惯、偏好等处理数据时有助于记忆变量含义的数字。如果调查问卷的调查内容较多，区分了不同板块，那么不同板块的变量名最好由不同英文字母开头，以示区分。比如，变量 a0101 代表第一部分第 1 题第 1 小题，变量 a0905 代表第一部分第 9 题第 5 小题，变量 F3002 代表六部分第 30 题第 2 小题，等等。变量编码前，必须弄明白每个提问需要几个变量。根据提问答案属性，调查问卷中的提问可区分为单项选择题、多项选择题、单项数据填空题、二维数据填空题、选项重要性排序题和文字录入题。以第三章附件 1 提供的《进一步改革和完善农村土地制度》农户调查问卷所选提问为例，第 1 题、第 23.1 题和第 28 题等都是单项选择题，第 27.1 题和第 30 题是多项选择题，第 8.1 题是单项数据填空题，第 2 题和第 23.2 题是二维数据填空题，第 30.1 题是选项重要性排序题①。除填写数据和勾选答案外，有些题还需要用文字记录，我们称之为文字录入题。比如第三章附件 1 农户调查问卷中的第 29 题，既是单项选择题，也是文字录入题。表 6.6 以第三章附件 1 调查问卷为例，列出了不同类型提问所需要变量数量及变量编码情形，供读者参考。

表 6.6　不同题型所需变量数量及变量编码(以第三章附件 1 调查问卷为例)

题型	变量个数	第三章附件 1 例题	变量编码
单项选择题	只需一个变量	第 1 题	A0101
多项选择题	一个选项，一个变量	第 30 题	F3001、F3002、……、F3009、F3010
单项数据填空题	只需一个变量	第 8.1.2 题	A080102
二维数据填空题	需要多个变量	第 2 题	A0201、A0202、……、A0209、A0210
选项重要性排序题	一个位次，一个变量	第 30.1 题	F300201、F300202、F300203
文字录入题	一个选项，一个变量	第 29 题	F2901、F2902

注：本表假设第 30.1 题为“你认为最重要的前三项条件分别为(按重要性由高到低排序)__________”。

① 严格讲，这道题并不是重要性排序题，真正的重要性排序题应分别列出第一、第二、第三等重要性位次，即哪个选项第一重要，哪个选项第二重要，哪个选项第三重要。

2. 设计录入格式

完成调查问卷与变量编码后，应当设计录入格式。以用 EXCEL 软件录入为例，设计录入格式包括五个方面。

(1)确定一个数据表格录入多少个变量。一个数据表格录入的变量不宜太少，也不宜太多。一般而言，应当遵循以下三条原则：一是调查问卷一个板块的变量最好录入同一个数据表格，二是不同录入格式的变量要分别录入不同数据表格，三是要考虑录入时录入人员分工方便。

(2)设置变量最大、最小控制值。设置变量控制值，主要是为了减少数据录入错误。变量控制值设置，主要根据备选答案个数、个人经验与生产技术水平等因素确定。比如，某单项选择题，共有 5 个备选答案，该变量录入值应当大于 0、小于 6；农户家庭承包耕地面积一般小于 100 亩，该变量录入值应当大于 0、小于 100；南方稻作区水稻亩均施用碳酸氢铵一般小于 100 公斤，该变量录入值应当大于 0、小于 100；在现行农业生产条件和技术水平下，单季水稻亩产不会超过 1 500 公斤，该变量录入值应当大于 0、小于 1 500，等等。

(3)每个表格都要录入样本标识码。以农户调查问卷数据录入为例，每个数据表格都需要分别录入农户编码，以便后续处理不同数据表格的数据时能相互对应。

(4)设置缺省值。由于各种原因，有些本应填写或者勾选答案的没有填写或勾选。对于这种情况，一般在数据录入时，都直接跳过。严格讲，这种处理方法是不妥当的，录入时直接跳过，到处理数据时，数据处理人员就不知道究竟是未选还是漏录了。因此，最好的办法就是设置缺省值，做出标记。比如，某份样本农户问卷某选择题未作回答，应将该样本该变量的值设置为缺省值，缺省值最好设为“99”或“88”这种便于记忆的数值。

(5)对多项选择题的所有选项都要分别赋值。过去，我们在处理多项选择题原始数据录入时，通常遵循一个答案选项一个变量原则，对每个变量赋值时习惯采用“选择的赋值，不选的不赋值”办法。比如，选择了第二个答案选项，对代表该答案选项的变量 X_2 赋值 1；对未选第二个答案选项的，X_2 不赋值。在利用数据分析软件读取原始数据后，有些数据分析软件自动将未赋值的视为缺省值，给数据处理人员带来麻烦。缺省值究竟是未选还是漏录了？数据处理人员无法做出准确判断，不得不重新进行校对。在最近一次数据录入时，我的同事宁夏博士给我们介绍了新方法，即对每个变量采用“选择的赋值，不选的也赋值”办法，这个办法很好地解决了未选与漏录问题。以第三章附件 1 的第 30 题为例，假设某样本农户选择了第 1、3、5 选项，按过去的老办法，我们将变量 F3001、F3003 和 F3005 分别录入数值

1，其他 7 个变量不录入任何数值；按宁夏博士介绍的新方法，我们将变量 F3001、F3003 和 F3005 分别录入数值 1，其他 7 个变量分别录入数值 2，2 表示未选择此项。

3. 正式录入数据

录入数据，就是在完成变量编码和录入格式设计工作后，将调查问卷所有数据信息录入数据表格。表 6.7、表 6.8 和表 6.9 分别列出了第三章附件 1 第 2 题和第 30 题部分数据录入结果（样式）：HC 为农户编码；A0201—A0210 分别代表第 2 题表 2 中的人码、与户主关系、性别、年龄、婚姻状况、受教育程度、受教育年数、主要职业、是否有承包地和没有承包地原因等 10 个变量；F3001—F3010 分别代表第 30 题中的耕地按现有人口均分、耕地按现有人口和预测人口综合分配等 10 个选项。

表 6.7　第三章附件 1 第 2 题 3 个样本农户录入数据

HC	A0201	A0202	A0203	A0204	A0205	A0206	A0207	A0208	A0209	A0210
36	1	1	1	29	1	3	3	2	1	0
36	2	2	2	29	1	1	0	1	1	0
36	3	3	1	1	2	1	0	9	2	3
36	4	3	2	8	2	2	1	4	1	0
36	5	6	2	56	2	1	0	1	1	0
36	6	8	1	19	4	3	3	2	1	0
60	1	1	1	40	1	3	2	1	1	0
60	2	2	2	35	1	3	2	1	1	0
60	3	3	1	13	2	2	4	4	1	0
614	1	1	1	63	1	1	2	1	1	0
614	2	2	2	59	1	3	6	1	1	0
614	3	3	1	27	1	3	8	1	1	0
614	4	4	2	23	1	2	5	1	2	4
614	5	3	1	23	2	6	13	2	2	1

表 6.8 第三章附件 1 第 30 题样本农户录入数据(我们当时的录入数据格式)

HC	F3001	F3002	F3003	F3004	F3005	F3006	F3007	F3008	F3009	F3010
36	1					1		1		
60			1		1	1	1		1	
614		1		1				1		

注:这是我们当时数据录入格式,1 表示选了该项。

表 6.9 第三章附件 1 第 30 题样本农户录入数据(宁夏博士新方法录入数据格式)

HC	F3001	F3002	F3003	F3004	F3005	F3006	F3007	F3008	F3009	F3010
36	1	2	2	2	2	1	2	1	2	2
60	2	2	1	2	1	1	1	2	1	2
614	2	1	2	1	2	2	2	1	2	2

注:1 表示选择了该项,2 表示未选择该项。

(三)调查数据校正

1. 产生问题数据的原因

调查数据校正,就是要找出问题数据并进行改正。问题数据,主要有两个来源。一是因录入差错,导致数据错误。二是调查问卷原始数据填写有误。

(1)录入差错导致数据错误。录入人员在录入数据时,常常会无意识地输入错误数据。无意识输入错误数据,主要包括以下几种情形。一是连续多录入数字。比如,将“12”输成“112”、“122”或“1212”等。二是小数点位置录入错误。比如,将“5.65”输成“56.5”。三是前后变量数值录入错位。将前一个变量数值录入到后一个变量,或者将后一个变量数值录入到前一个变量。若前后两题同是选择题,结果差异不会很大;若前后两题并非同是选择题,结果差异会非常大。比如,前一题为选择题其最大值为 5,后一题为农民人均纯收入最高可达 20 000 元,这两个题答案录错位置,录入结果差异就非常大。四是因盲打键盘数字直接导致录入错误。比如,将“9500”录成“6200”,或将“546”录成“879”等。五是漏录数据。即录入人员在录入数据时,漏录了某个样本某个变量的数值。六是调查问卷原始数据填写不清晰,录入人员猜错后录入错误数据。比如,将不清晰的“3”猜成“8”。

(2)调查问卷原始数据填写有误。调查问卷原始数据填写有误,主要包括以下几种情形。一是提问内容过于宽泛。比如,2014 年你家粮食产量为多少?这个提问需要调查对象先对每个粮食品种的产量进行估算,然后再加总,在这个过程中可能出现漏计或重复计算。二是提问不精准。比如,2014 年你家流转耕地面积为多少?转入耕地农户会告诉你转入耕地面积数据,转出耕地农户会告诉你转出耕地面积数据,既有转入又有转出耕地的农户可能将两项数据相加,也可能只告诉调查员一项数据。三是计量标准不一致。比如,2014 年你家有几亩承包地?农户告诉调查员他家有 4.5 亩承包地,调查员在调查问卷上如实写下 4.5 亩。表面看没有差错,实际还是产生了错误,原因在于农户所说的“亩”与调查员所填的“亩”标准不一致,农户说的是习惯亩,调查员填的是标准亩。四是调查对象故意隐瞒信息。比如,农户故意隐瞒耕地面积或收入等信息。五是调查人员记录错误。比如,无意间将 5.6 写成 3.6。

2. 查找问题数据

查找问题数据,主要有四种方法,即单变量奇异值方法、多变量奇异值方法、多变量生成新变量奇异值方法和变量逻辑检验法。

单变量奇异值方法:就是依靠原始数据中各个独立变量的异常值,发现问题数据。比如,某单选题共有 5 个选项,该单选题变量值应当大于 0、小于等于 5,其他任何小于 0 或大于 5 的数值都是奇异值,都需要进行校正。再比如,水稻亩均碳酸氢铵施用量不能大于 100 公斤,大于 100 公斤的都要归为奇异值。

多变量奇异值方法:就是以原始数据中一个变量为依据,找出另一个变量的异常值,进而发现问题数据。比如,目前我国人口平均寿命为 78 岁,代表人口年龄的变量值一般不得大于 100,大于 100 的都可视为奇异值。假设调查数据中有“与户的关系”这个变量,我们可以进一步延伸如下逻辑推断:若 A 为调查对象的祖父或曾祖父,则 A 的年龄可能会大于 100。不过,无论如何,也不至于大于 150。再比如,某农户表示 2014 年他家转出了耕地,但转出耕地面积变量数值为 0 或者大于其所有承包耕地面积,这两种情况都属于奇异值,需要进行校正。

多变量生成新变量奇异值法:就是对原始数据中两个或两个以上独立变量进行某种数学逻辑计算得出一个新变量,再根据新变量奇异值,发现问题数据。比如,某农户 2014 年水稻种植面积为 8 亩,当年水稻总产量 15 500 公斤,亩产达到 1 937.5 公斤,亩产水平远远超过当前水稻生产技术所能达到的极值。显然,该样本农户水稻种植面积和总产量两个数值中至少有一个数值有问题。

变量逻辑检验法:就是一个或者多个变量间存在某种逻辑关系,如果这种逻辑关系不成立,就应当标为奇异值。比如,某年某个农户有转入耕地支出(租金),却没有填写转入耕地面积数据信息;某个农户有外出务工经商成员,却没有外出务工经商收入信息等。

无论采用何种方法查找问题数据，除如实记录或打印问题数据本身外，一定要同时记录或打印问卷编码，方便后续翻阅和查找。

3. 校正问题数据

找出问题数据和问卷编码后，应当进行问题数据校正。有些问题数据错误很明显，直接校正即可。多数问题数据校正需要翻阅调查问卷，依据问卷原始记录对问题数据进行校改。这里，有两种情形。

第一种情形：问题数据与问卷原始记录数据不符。在这种情形下，一般是由录入产生差错，只要将原始记录数据替换问题数据即可。

第二种情形：问题数据与问卷原始记录数据一致。在这种情形下，录入没有差错，问卷原始记录数据有问题，需要具体分析以找出其中的原因。比如，第五章农村实地调查建议部分提及的安徽省样本农户水稻施肥数据问题，数据录入没有错误，录入数据与问卷原始数据完全一致，但却不合常识。在这种情形下，需要寻找额外信息对原始数据进行修正。幸亏有“刘道臣”注释，我们才得以对原始数据进行更正。再比如，某些农户粮食产量数据异常，经过核对后发现录入数据与问卷原始数据完全一致，在这种情形下，也需要寻找额外信息对数据进行修正，额外信息包括产量计量单位是否一致、面积计量单位是否一致等。

无论采用何种方法查找和校正问题数据，在完成校正后，需要重新运行校正程序，直到不再存在奇异值和逻辑矛盾为止。这里，需要指出两项特别注意事项。第一，我们通常都是在数据分析前进行数据校正，但这并不意味所有数据都已清理干净。在分析数据过程中，还有可能发现新的问题数据，要及时对新发现的问题数据进行校正。第二，数据校正只有一个目的，就是还原数据的真实性，千万不能为达到某个结果去故意篡改数据，这一点务必切记。

四、文字资料搜集、整理与保管

（一）文字资料搜集途径

农村实地调查，除填写和收集调查问卷所需要数据与信息外，还需要收集与调研主题密切相关的文字资料。比如，地方政府及相关部门下发的各类文件、通知，调研单位年中、年终工作总结材料、专题汇报材料，等等。搜集文字资料，有如下四种主要途径。

1.借助互联网,从网上搜集相关文字资料

随着互联网的普及和政府信息公开化、透明化,我们可以通过搜索“关键词+地名或部门”的方式,查找某个地区或部门网上公开信息资料。对与调查主题有关的文字资料,直接下载即可。

2.依据上级文件搜集相关文字资料

一般而言,上级政府及部门就某项工作发布专门文件、通知或者做出过专门部署,下级政府或部门也会采取对应行动。因此,如果掌握了上级政府相关文件信息,到达调查目的地后,可直接询问调查地政府或相关部门是否也出台了相关的文件、通知,或者是否专门做出过部署。如果有,直接让调查地政府或部门提供相关文件、通知或相关专题汇报资料即可。

3.根据调查汇报材料,发现新的文字资料

通常,地方政府或部门都会准备专门汇报材料和交流材料。在听取汇报和交流过程中,若发现与调查主题相关的新文件、新通知等文字资料,要及时询问相关情况,并要求相关单位会后提供这些新文件和新通知。

4.在走访村组等基层组织和农户时,搜集相关文字资料

村组基层组织和农户,是农村实地调查的最末端。在调查村组基层组织和农户时,除关注村组本层级文字资料和农户自身情况外,还要特别留意村组和农户提及的上级政府或部门的文件、通知、行政命令等信息,以弥补乡镇及上级政府部门调查可能存在的重要遗漏。

(二)文字资料整理

文字资料整理,有两种方法。一是按地区分类整理,二是按主题分类整理。依据我本人的经验,完成农村实地调查后,最好先按地区分类整理;在写作研究报告过程中,再按主题分类整理,以便撰写研究报告使用和查阅。

1.按地区分类整理

农村实地调查完成后,需先按地区对所搜集的文字资料进行整理。按地区整理文字资料,需要做如下几方面工作。一是及时向调研单位索要调研时未提供但答应事后提供的重要文字资料。二是对所收集文字资料进行编号,一个地区赋予

一个专用代码，同一地区文字资料最好是按部门和内容分别排序编号。三是形成文字资料索引，并记录在案，以便事后查找和课题组成员借阅。

2.按主题分类整理

较为大型的研究项目，常常涉及多个研究主题，需要完成多份研究报告，研究报告多由不同研究人员分别承担。明确研究报告写作任务分工后，课题组应当给专题报告承担人提供或分发相应专题文字资料，并记录在案，以方便课题组其他研究人员查阅。

（三）文字资料保管与借阅

大型农村调查研究项目，一般会收集到较多的文字资料。这些文字资料非常宝贵，对撰写研究报告和学术论文有重要参考价值，一定要保管好。

根据我们的经验，保管文字资料，需要做好如下两件事。一是分类后要对文字资料编号，并列出编号清单，便于以后查阅。二是要有专人负责保管，课题组其他研究人员可以借阅，借阅后要及时催还，以便他人查阅。

第七章　调查研究报告写作与成果输出

一、调查研究报告及其分类

调查研究报告有广义和狭义之分,广义的调查研究报告包括调查报告、研究报告和调查研究报告三类,狭义的调查研究报告专指第三类(图 7.1)。按调查研究内容所及范围分,调查研究报告可分为综合调查研究报告和专题(项)调查研究报告。比如,关于农村土地制度问题的调查研究报告属综合调查研究报告,关于农民宅基地有偿使用的调查研究报告属专题调查研究报告;关于粮食综合生产能力的调查研究报告属综合调查研究报告,关于单个粮食作物综合生产能力的调查研究报告属专题调查研究报告,等等。

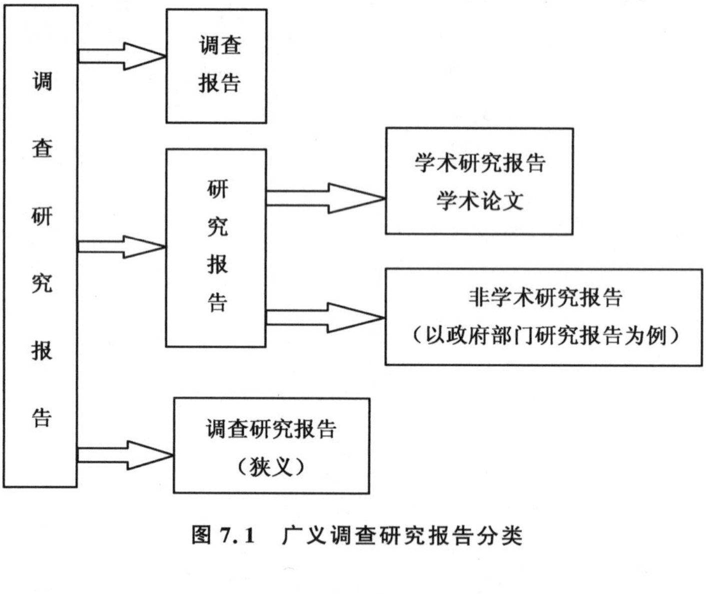

图 7.1　广义调查研究报告分类

所谓调查报告,是指针对调查情况撰写的事实性描述报告,其基本特征是以描述客观事实为主。根据我们的经验,调查报告篇幅不宜太长,不宜超过 1 万字。

所谓研究报告，是指借助特定理论、思想、政策导向，依据严密逻辑推理，经过定性分析和定量分析后综合形成的报告。研究报告，可细分为学术研究报告和非学术研究报告。学术研究报告与非学术研究报告，既有相同点，也有不同点。相同点在于两者都注重借助特定理论、思想、政策导向或定量分析方法，都注重逻辑推理。不同点在于，学术研究报告强调理论与学术观点创新，而非学术研究报告强调实际应用价值和对社会实践的指导。通常，发表于知名学术期刊的学术论文源于学术研究报告，研究人员将学术研究报告内容进行精简或改写后成为学术论文。政府机构或部门资助的研究课题，一般要求提供非学术研究报告，为推动本部门工作提供决策依据。当然，若研究数据资料充足，政府机构或部门资助课题的承担者也可撰写学术研究报告，最后以学术论文形式公开发表。研究报告篇幅可长可短，短的可以只有几千字到1万多字，与学术论文基本相当，或者说它就是学术论文；长的可达十万甚至几十万字，与学术专著基本相当，或者说它就是学术专著。

所谓调查研究报告，是指以实际调查资料为基础，借助一定的理论、思想、政策导向或分析方法，通过综合分析调查资料后形成的报告。调查研究报告，同时兼有调查报告和研究报告的基本特征。不进行实地调查或者手头无实地调查资料，写不出调查研究报告。写作研究报告，可以不做实地调查。比如，利用现有统计资料就可以写出很好的研究报告。根据我们的经验，调查研究报告篇幅不宜超过2万字。

二、调查研究报告初稿写作

（一）调查报告初稿写作

写作调查报告，只要把事实描述清楚即可。一般而言，调查报告应当包括五个部分。

1.调查背景和目的

撰写调查报告，首先需要简要介绍调查背景和调查目的。比如，某个问题引起了决策层、主要领导或者整个社会的广泛关注，政府部门或单位将解决某个问题列入年度工作安排等。一般而言，这些问题都是短期内急需解决的。

2.调查方式和方法

调查方式和方法，是指调查是如何组织实施的。比如，如何确定调查对象；如何访问调查对象，是上门(户)调查、电话访谈、网络调查，还是邮寄问卷调查等。

3. 调查对象基本信息

调查对象基本信息，包括调查对象的数量、类别、区域分布；不同类别调查对象的基本特征描述等；若调查对象数量少，可以分别描述调查对象的基本信息。

4. 主要发现及原因分析

主要发现及原因分析，是调查报告的核心部分。一般而言，这部分内容应当包括主要做法、取得何种经验、存在哪些问题、利益相关方评价等。在写作经验、问题和各方评价时，最好能解释和说明产生问题、取得经验和各方持不同评价的理由和原因。

5. 简短建议

针对调查主要发现，提出相关建议。比如，针对存在的问题提出几点解决办法，针对取得的经验提出几点推广经验的办法和措施等。

(二)学术研究报告初稿写作

一般而言，学术研究报告应当包括十一个部分。

1. 研究背景

写作学术研究报告，首先应介绍研究背景。研究背景，既包括学术理论背景，也包括应用价值、社会各界关注程度以及国际、国内经验等方面。介绍研究背景，主要有三个目的：一是向他人说明该项研究具有重要意义，比如理论突破、学术创新或者重要的应用价值；二是让他人对该项研究可能解决的问题或产生的影响做出预判；三是让读者将思维迅速转移至相关研究领域，以便读者与自己在相同语境里思考、讨论和对话。这里，以我主持完成的两项研究课题为例，说明研究背景部分应包括的主要内容。

(1)乡镇职能问题研究(2006—2008 年)。在应用价值方面，党的十六大提出了“深化行政管理体制改革，进一步转变政府职能”的要求。在学术理论方面，重点介绍了西方传统公共行政管理理论、新公共管理理论、新公共服务理论和公共选择理论。在国内经验方面，主要介绍两方面内容：一是 20 世纪 80 年代中期开始的多次乡镇机构改革效果并不理想，20 多年的乡镇机构改革陷入了“膨胀—精简—再膨胀—再精简”的恶性循环；二是各地区经济社会发展差异很大，但法律规定乡镇应当行使的职能基本一致。在国际经验方面，重点介绍了西方发达国家地方政府改革实践，包括做法、效果、经验及存在的问题等。

(2)农村邮政服务发展方向、目标与路径研究(2009—2010年)。在应用价值上，主要体现在两个方面：一是十七届三中全会提出城乡基本公共服务均等化，为农村邮政服务发展提供了新机遇；二是邮政业"十一五"规划提出的目标和任务有待进一步落实，重点和难点都在农村。在学术理论方面，重点介绍了政府职能与公共公用事业民营化理论。在国内经验方面，重点介绍了邮政业政企分开改革及其对邮政企业扭亏和邮政普遍服务业的不同影响。在国际经验方面，重点介绍了世界各国推动邮政事业特别是邮政普遍服务的做法、经验及对中国的借鉴作用等。

介绍研究背景，需要注意以下两点：一是不能简单将理论背景、应用价值、社会各界关注程度及国际、国内经验等硬性凑在一起，而是需要用恰当的逻辑将它们串联起来；二是不是所有学术研究报告都需要同时介绍理论背景、应用价值等四个部分，有些只要介绍其中的两三个即可。

2. 研究成果评述

研究成果评述，重点包括四个方面内容。一是对他人研究方法和研究成果进行归纳与总结，即他人已经采用过何种研究方法、用过哪些指标、有哪些主要发现和结论。二是对他人研究方法和研究成果进行对比与评价，重点是要找出他人所用研究方法、指标和所得研究结论的不足与缺陷，发现已有研究成果在哪些方面尚未达成共识，特别是那些存有明显争议的结论。三是分析他人已有研究假设条件，看他的假设条件是否合适、是否成立。四是提出自己的研究会在哪些方面予以改进和完善，要实现何种目标。

3. 调查研究方法

调查研究方法，是指研究项目在组织实施过程中所采用的主要方法，并对这些方法进行较为详细的描述。比如，在文献综述阶段使用归纳法和演绎法；在农村实地调查阶段采用抽样调查方法、典型调查方法、座谈法等；在研究报告写作阶段，采用定性分析法、定量分析法以及对比分析法等。在介绍抽样调查方法时，要介绍如何组织抽样？当抽中样本无法配合调查时，如何改换样本等。若采用了计量模型分析，要详细介绍采用何种模型、主要的数学推导过程以及需要验证的假设等。

4. 调查样本基本情况

调查样本基本情况，包括样本类型、样本规模、样本时空分布、样本基本特征等。

(1)样本类型。农村实地调查,常常出现多种类型样本并存情形。以《进一步改革和完善农村土地制度》为例,该研究项目调查对象包括河北、陕西、安徽、湖南、四川、浙江等6省的12个县、36个乡镇、36个行政村、90个村民小组(河北无村民小组)和824户农户,调查样本包括行政村样本36个、村民小组样本90个、农户样本824个。

(2)样本规模。主要指样本总数及不同类型样本数量。

(3)样本时空分布。即不同地区样本分布和不同时期样本分布。前面提及的824户农户样本分布在多少个村民小组、多少个行政村、多少个县,或者说每个村民小组、行政村或县分别抽取多少样本农户,这属于样本空间分布。在处理时间序列数据时,不同时点或时期样本个数,则属于时间分布。

(4)样本基本特征。即不同类型样本与研究高度相关的基本特征。研究中常借用平均值、最大值、最小值等统计指标反映样本基本特征。

5.提出研究假设

在综合已有研究成果基础上,结合调查数据初步分析结果和实地调查中的直观感觉等,提出研究需要验证的假设(或命题)。

6.量化分析与研究假设检验

学术研究报告经常借助量化分析方法验证研究假设,量化分析方法有简单和复杂之分。

(1)简单量化分析与研究假设检验。几乎所有学术研究报告都会使用简单量化分析,比如,通过对比某年或历年东、中、西部样本农户农民人均纯收入(历年)平均值发现,农民人均纯收入呈现东、中、西依次递减规律;对比历年农户收入结构数据发现,改革开放以来农业对农户收入的贡献份额呈现先逐年升高再逐年下降的特征;依据城乡居民粮食消费支出变化百分比与收入变化百分比推算粮食消费弹性;以农户粮食单产作为因变量,户主受教育年限作为自变量,通过简单回归分析发现粮食单产与户主受教育年限并不存在显著相关关系,等等。

(2)复杂量化分析与研究假设检验。复杂量化分析常常需要借助计量模型,对所提出的研究假设进行检验 。复杂量化分析需要做好如下三步工作,一是根据已有研究成果和调查数据初步分析结果,提出需要验证的研究假设;二是选择合适的计量模型,必要时还要进行逻辑严密的数学推导;三是分析计量结果的统计意义和含义。复杂量化分析,需要研究人员具备坚实的数学基础和丰富的计量经济学知识。

无论是简单量化分析还是复杂量化分析，当分析得出的结论与研究假设不一致时，需要谨慎对待。特别是当出现与常识相悖的结论时，应该更加小心，甚至需要对整个计量分析和数学推导过程进行重新检查。若重新检查没有发现错误或不妥之处，那么很有可能有了新发现或新结论。当有新发现或新结论时，要对新发现或新结论做出合理解释。

7.典型案例或专栏

篇幅较长的学术研究报告，常常会介绍一些典型案例或者在文中插入专栏。典型案例或专栏主要用于以下三种情形。一是通过典型案例介绍典型做法或某种成型的经验。比如，研究农村集体产权制度改革问题时，撰写一个村如何进行集体资产评估、集体经济组织成员资格界定、股份量化和股份管理的案例。二是为文中某种观点或主张做注释或说明。比如，研究农村土地调整问题时，写一个农户支持调整承包地或反对调整承包地的案例。案例内容包括农户所在村组土地承包期限与土地调整时间间隔、农户家庭人口、就业、收入等情况，农户主张或反对土地调整的理由等。三是为正文提供研究背景支持。比如，研究城乡居民社会保障差异问题时，提供一个关于我国城乡户籍制度变迁的专栏。篇幅较短的典型案例可直接写在正文中，篇幅较长的典型案例可在文中列专栏或者在文末以附件形式出现。文中专栏的篇幅不宜太长，否则会影响正文行文的流畅性。

8.国际经验

研究国内问题，一般都需要借鉴国际经验。国际经验既包括成功的经验，也包括失败的教训。不只是学者在研究过程中喜欢关注国际经验，领导和决策机构在决策过程中也喜欢关注国际经验。比如，在研究我国农业适度规模经营问题时，既要借鉴欧美国家的经验与教训，也要借鉴日本、韩国等亚洲国家和地区的经验。国际经验，既可单独作为一个章节或部分予以专门介绍，也可穿插在段落中间予以引用和评述。至于是专门介绍还是穿插在段落中间，完全取决于写作逻辑需要。

9.结论与建议

通常，人们习惯于将结论与建议作为学术研究报告的结尾部分。结论部分，就是归纳和总结研究项目的主要观点与主要发现，具体包括计量模型分析结果及其含义。建议部分，主要指研究结论的政策含义及具体政策建议。

10. 注释与参考文献

(1)注释。撰写学术研究报告时,对在正文中需要进一步解释或说明的问题或事项,可用脚注或尾注。一般而言,如下几种情形,应当予以注释。一是名词概念释义。比如,农地包括耕地、园地、林地和草地,本文农地专指耕地。二是在引用别人学术观点时注明文献来源。常用格式为"某某作者、某篇文章、某杂志、杂志出版年份和期次"。三是对正文中引用的学术观点做进一步解释和说明。比如,若文中谈到粮食生产中存在"增产不增收"现象,可用脚注或尾注解释为什么会出现这种现象。四是对正文出现的数据予以注明。注释内容包括数据来源、推算过程等。五是对正文观点做出进一步解释和说明。六是对正文所引用法律、法规和政策的一些详细规定予以注明。比如,正文只介绍法律、法规和政策的主要条款,对一些重要的次要条款规定可用脚注或尾注注明。

(2)参考文献。撰写学术研究报告,常常会参考他人研究方法,引用他人研究成果和学术观点,在研究报告的末尾需要列出对研究报告写作具有重要借鉴意义的文献名称。列出参考文献有三个目的,一是告诉读者你的"引用"来源于哪,二是尊重他人研究成果,三是方便他人检验或者进一步研究时搜索相关文献。

11. 附件或附录

通常,为了节省正文篇幅,或者使正文行文逻辑更紧密,人们习惯将与研究报告某个主题或观点密切相关的数据、文件资料、数学推导过程等,单独作为附件或附录放在研究报告后面。附件或附录主要起说明、解释或备注作用。

(三)学术论文初稿写作

与学术研究报告比,学术论文有如下两大特点。一是学术论文篇幅更短,文字更精简。从某种意义上讲,学术论文是学术研究报告的精华,是它的缩小版。二是学术论文一般只涉及某个专业领域。当然,也有部分学术论文涉及面较广。一般而言,学术论文应当包括十个部分。

1. 研究背景

主要介绍学术论文的理论意义和实际应用价值。

2. 研究成果评述

学术论文和学术研究报告研究成果评述都包括四个方面，差别在于学术论文研究成果评述篇幅要短。一是对他人研究方法和研究成果进行归纳与总结，即他人已经采用过何种研究方法、用过哪些指标、有哪些主要发现和结论。二是对他人研究方法和研究成果进行对比与评价，重点在于找出他人所用研究方法、采用指标和研究成果的不足和缺陷，发现已有研究成果在哪些方面尚未达成共识，特别是那些存有明显争议的结论。三是分析他人已有研究假设条件，看他的假设条件是否合适、是否成立。四是提出自己的研究会在哪些方面予以改进和完善，要实现何种目标。

3. 调查样本和数据

简要介绍调查样本及分析数据的基本情况，包括样本选取方法、样本规模、基本特征、数据来源与特征等。

4. 提出研究假设

在综合已有研究成果基础上，结合调查数据初步分析结果和实地调查中的直观感觉等，提出研究需要验证的假设(或命题)。

5. 量化分析与研究假设检验

简要介绍引用的计量模型及其特征，必要时需要进行逻辑严密的数学推导；提供计量模型的计量结果与统计检验结果。

6. 计量结果释义

简要解释计量结果含义。当研究假设未被证实或研究结论与常识不符时，要分析其原因。

7. 国际经验

重点介绍国际经验对本项研究有哪些启示、参考和借鉴作用。

8. 结论与政策建议

简要归纳全文得出的主要结论，并提出相关政策建议。

9.注释与参考文献

注释可以用脚注,也可以用尾注;参考文献主要指对写作学术论文有重要参考价值的文章和专著等,参考文献一般列在文章最末尾。

10.题目、内容摘要与关键词

论文题目必须简单易懂,直接反映文章中心主题。内容摘要与关键词一般置于论文题目与正文之间。内容摘要应当简要介绍论文所用研究分析方法、主要研究结论与政策建议等。关键词主要指表述论文中心思想所常用的专业术语或词汇。

理论性学术论文,在介绍已有研究成果基础上,可直接通过演绎方法,依靠严密逻辑推理,推出新结论;也可借助案例归纳出新结论。

(四)政府部门研究报告初稿写作

政府部门研究报告写作,可分为四种情形。一是完全由政府部门负责写作,其他非政府部门或机构不参与;二是主要由政府部门负责写作,其他学术研究机构或者专家学者参与其中;三是主要由学术研究机构或者专家学者负责写作,政府部门只负责把握大方向;四是全权委托给学术研究机构或者专家学者,政府部门基本不干预。与学术研究报告相比,政府部门研究报告有其特有格式和特点,我将其概括为五个方面。第一,有约定俗成的段落格式。常用格式可以形象地称为"三段"式,即现状、问题与对策。若在"三段"式基础上再加扩展,就变成了"四段"式、"五段"式等。比如,"现状、问题、经验与对策"是"四段"式,"现状、问题、主要任务、经验与对策"是"五段"式,"现状、问题、指导思想与基本原则、主要任务、经验与对策"是"六段"式等。此外,政府部门研究报告常常会在报告开头写一段话作为引言,用行话讲叫作"帽"或"帽段"。专栏 7.1 列出了 2012 年我本人参加的农业部某司局现代农业研究课题报告的写作要点,这个研究报告采用的是"四段"式格式。第二,文中小标题多为本段内容的概括与总结。一看到小标题,读者就知道这段要讲的主要内容。第三,每段开头通常都是一句总结性的话,后文再做说明和解释。第四,语言表达直接、简单明了,有时还会借用常用的日常口语表达意思。第五,行文间有紧密的逻辑关系和层次特征,但不用复杂的数学或逻辑推理。

通常,由于习惯与偏好差异,不同政府部门研究报告的格式不尽相同。一般而言,政府部门研究报告应当包括七个部分。

专栏 7.1 “关于新时期现代农业建设若干重大问题研究”报告结构及要点

关于新时期现代农业建设若干重大问题研究

帽段:主要介绍改革开放以来我国农业发展经历了三个阶段。目前,已进入“三化同步”推进的新时期,农业发展环境条件发生了一系列重大而深刻的变化,现代农业建设面临许多新情况、新问题,需要我们深入分析、准确把握、科学应对。

一、当前我国农业发展出现的新变化

(一)新型经营主体加速涌现壮大,种植业适度规模经营加快发展,养殖业规模化比重超过50%。

(二)农业生产手段发生质的变化,耕种收综合机械化水平超过50%。

(三)科技已经成为农业发展决定力量,农业科技进步贡献率超过50%。

(四)农业产加销一体化水平明显提高,农产品加工率超过50%。

(五)农民就业和收入结构发生显著变化,家庭经营收入下降到50%以下,农村劳动力转移接近50%。

(六)农业发展外部环境发生深刻变化,城镇化率超过50%。

二、新时期农业发展面临的重大问题

(一) 农民工市民化问题

(二)农业生产主体培育问题

(三)土地流转问题

(四)农业公共服务问题

(五)金融保险服务问题

三、国内外加快发展现代农业建设的经验与做法

(一)发达国家农业现代化的发展模式(欧美、亚洲国家与地区发展模式)

(二)国内各地探索(黑龙江、新疆、浙江、江苏、成都、重庆等地的经验)

四、中国特色农业现代化模式选择和制度设计

(一)中国特色农业现代化发展模式

(二)制度设计的基本原则

(三)制度建设的主要内容

(四)近期相关建议

1.研究背景与意义

研究背景,应当包括三个方面:一是客观分析过去发展历程、面临的新问题与新形势;二是分析上级重要文件、重要规划要求以及主要主管领导对这项工作或问题提出的具体要求;三是分析社会关注程度。

意义,是指其应用价值,即从事该项研究有利于解决哪些问题,会产生哪些经济社会效果等。

研究背景与意义,通常放在研究报告最前面。有两种处理办法。一种办法是单独作为研究报告独立的一部分,其篇幅主要由研究报告总体框架和内容决定。另一种办法是不单独作为一部分,只是放在研究报告开头予以简要介绍,用行话讲就是"帽段"。帽段的篇幅不能太长,要高度概括、简单明了。

2.现状及特征

该部分主要描述和分析目前的实际状况、发展阶段、特征及变化趋势等。比如,专栏 7.1"关于新时期现代农业建设若干重大问题研究"报告分析了我国农业发展出现的七大新变化,七大新变化其实就是现状及特征的另一种表述。描述现状与特征时,最好使用让人易懂的判断句子,对现状的判断和特征的归纳要准确、到位。

3.过去存在或今后可能面临的主要问题

这部分有三种写法,一是分析研究主题过去及现在存在哪些主要问题,二是分析研究主题今后可能面临的主要问题,三是既分析过去及现在面临的主要问题,也分析今后可能面临的主要问题。

4.指导思想与基本原则

指导思想,是指处理和解决某个研究主题或问题时,应当遵循的理论、思想、理念以及行动指南等。此外,指导思想部分还应当适当提及重要的工作任务、手段、方法以及根本目标等内容。指导思想部分看起来虚,实际上非常重要,它是人们的行动指南,有两个作用:一是指引方向,即告诉人们如何走才正确;二是当遇到困难和挫折时,要坚持指导思想确立的正确方向,不能动摇和退缩。因此,指导思想不应当被看作空话、套话。这里,举两个实例。先看专栏 7.2《国民经济和社会发展第十三个五年规划纲要》"指导思想"行文:从开头到"科学发展观为指导"止,这段话表达了应当遵循的理论与思想;习近平总书记系列重要讲话精神是行动指南;三个“坚持”既表达了理念(发展是第一要务和稳中求进),也介绍了方法和手段(以供给侧改革为主线,扩大有效供给等),还介绍了工作任务(统筹推进六个建设);从“确保”起至行文结束是根本目标。再看《“十三五”全国农产品质量安全提升规划》“指导思想”行文:党的十八大及十八届三中、四中、五中、六中全会和习近平总书记系列重要讲话精神是行动指南;绿色发展是理念;从“坚持质量兴农”开始到“提高质量效应”讲的是工作方法、手段和任务;从“逐步探索”到行文结束讲的是根本(最终)目标。

专栏7.2　两个“十三五”规划纲要“指导思想”行文

《国民经济和社会发展第十三个五年规划纲要》指导思想:高举中国特色社会主义伟大旗帜,全面贯彻党的十八大和十八届三中、四中、五中全会精神,以马克思列宁主义、毛泽东思想、邓小平理论、“三个代表”重要思想、科学发展观为指导,深入贯彻习近平总书记系列重要讲话精神,坚持全面建成小康社会、全面深化改革、全面依法治国、全面从严治党的战略布局,坚持发展是第一要务,牢固树立和贯彻落实创新、协调、绿色、开放、共享的发展理念,以提高发展质量和效益为中心,以供给侧结构性改革为主线,扩大有效供给,满足有效需求,加快形成引领经济发展新常态的体制机制和发展方式,保持战略定力,坚持稳中求进,统筹推进经济建设、政治建设、文化建设、社会建设、生态文明建设和党的建设,确保如期全面建成小康社会,为实现第二个百年奋斗目标、实现中华民族伟大复兴的中国梦奠定更加坚实的基础。

《“十三五”全国农产品质量安全提升规划》指导思想:深入贯彻党的十八大及十八届三中、四中、五中、六中全会和习近平总书记系列重要讲话精神,牢固树立并切实贯彻绿色发展理念,坚持质量兴农,把农产品质量安全作为推进农业供给侧结构性改革、建设现代农业和健康中国的重要任务,坚持“产出来”、“管出来”两手抓、两手硬,大力推进标准化生产、绿色化发展、规模化经营、品牌化创建、法制化监管,带动农业转型升级,提高质量效应,逐步探索出一套符合中国国情和农情的农产品质量安全监管模式,切实保障农业产业健康发展和公众“舌尖上的安全”。

基本原则,是指处理和解决与研究主题密切相关的重大核心问题时,应当遵循的准则。可以是单独针对处理某个重大核心问题的准则,也可以是针对处理好两个或两个以上重大核心问题基本关系的准则。比如,建设现代农业主题,肯定会涉及农业适度规模经营和农民市民化两大核心问题。在处理和解决农业适度规模经营问题时,要遵循因地制宜、循序渐进原则,不能用行政手段进行干预。在处理和解决农民市民化问题时，要遵循尊重农民意愿、保护农民权益原则，不能强行让农民退出土地承包经营权和宅基地使用权。因此，建设现代农业主题，至少要遵循上述四大原则，即因地制宜原则、循序渐进原则、尊重农民意愿原则和保护农民权益原则。此外，建设现代农业主题，还会涉及其他诸多核心问题。至于其他诸多核心问题包括哪些，主要看研究报告的侧重点。如果前述四大原则并不能指导处理其他核心问题，那么还得概括出处理和解决其他核心问题的基本原则。

指导思想与基本原则，字面上看很虚，内容上却是高度概括，它需要对研究主题有全面把握。因此，写作指导思想与基本原则的人，应当对研究主题及其他相关主题有很深入的了解、全面的把握和准确的判断，对推动该项工作有自己独立的见解与主张。否则，很难写出高度概括的指导思想与基本原则。

5. 主要目标与任务

主要目标来源于根本目标或最终目标，由根本目标分解得出或派生而来。比如，《国民经济和社会发展第十三个五年规划》的根本目标是确保如期全面建成小康社会。要实现这个根本目标，必须实现如下几个分目标，即经济保持中高速增长（到 2020 年国内生产总值和城乡居民人均收入比 2010 年翻一番）、人民生活水平和质量普遍提高、国民素质和社会文明程度显著提高以及生态环境质量总体改善。若几个分目标实现不了，全面建成小康社会的根本目标也实现不了，或者要大打折扣。以经济发展为例，若 2020 年 GDP 和城乡居民人均收入不比 2010 年翻一番，全面建成小康社会就缺乏充实的物质基础。

主要任务是指具体的工作任务，它来源于根本目标和分目标，根本目标和分目标可进一步分解成若干主要任务。比如，提高人民生活水平和质量目标，它的内容非常广泛，包括就业、教育、社会保障、医疗、住房等各个方面，每个方面都可以分解成具体的工作任务和发展指标。

根据研究主题的不同，主要目标和任务可以分开写，也可合并一起写；可定性描述目标，也可定量规定目标。

6. 国际和国内模式、经验与教训借鉴

本部分应重点介绍与研究主题密切相关的国际和国内模式、经验与教训。介绍国际模式、经验与教训，既应当包括发达国家或地区的模式、经验与教训，也应当包括不发达国家或地区的模式、经验与教训，尤其要特别重视分析与我国国情相类似的国家或地区的模式、经验与教训。国内模式、经验与教训，是指国内已经围绕某个研究主题进行过试验或探索的地区取得的模式、经验与教训。

以“关于新时期现代农业建设若干重大问题研究”报告为例，在借鉴国际模式与经验时，当时我们将发达国家农业现代化发展模式分为三种不同类型，即以美国为代表注重提高农业劳动生产率，以日本为代表注重提高土地产出率和资源利用率，以西欧国家为代表兼顾农业劳动生产率和土地产出率。课题组在分析了三种模式优缺点基础上，认为我国发展现代农业不能照搬美国和日本模式，西欧模式更具借鉴意义。与西欧不同的是，我国没有巨额财政资源对农业进行补贴。因此，我国只能探索自己的现代农业道路。在借鉴国内模式与经验时，分析了江苏、浙江等省借助培育新型农业经营主体促进现代农业发展，黑龙江、新疆等地通过提高规模化和机械化水平促进现代农业发展，重庆、成都等地通过加快农民市民化和农地流转促进现代农业发展。据此推断，我国不同地区实现农业现代化的模式也有差异。

7. 对策与建议

政府部门研究报告最后一部分，都要提出相关对策与建议。所谓对策与建议，实质就是提出解决问题和实现目标与任务的具体方案和办法。对策与建议，可以是长期的，也可以是短期的，还可以二者兼顾；与前文论述的问题、目标和任务的关系，可一一对应，也可综合多对一(即多个问题一项对策)。

还是以“关于新时期现代农业建设若干重大问题研究”报告为例，研究报告后两部分“制度建设主要内容和近期相关建议”实际就是对策与建议。制度建设主要内容包括：推进农民工市民化、推进土地流转、培育新型农业经营主体、强化农业社会化服务和金融保险服务等五个方面的内容，与前文第二部分新时期农业发展面临的五个重大问题一一对应。近期相关建议也包括五个方面，与五个重大问题一一对应。这五个方面分别为：总结农民工市民化经验，进行跨省农民工市民化试点；修改和完善农村土地承包经营权流转管理办法，为出台土地流转奖励政策做前期准备；建议由农业部牵头，联合其他部委对新型农业经营主体发展现状和存在的问题进行联合调研，并出台相关扶持措施；评估基层农技推广体系现状，探索考核办法；出台金融保险扶持政策。需要特别指出的是，制度建设与近期相关建议并不重复，前者着重提出某个重大问题系列解决方案，后者强调近期在某个重大问题上应采取何种具体行动。

通常，在正式写作政府部门研究报告初稿前，研究报告起草小组会统一确定研究报告框架，分析与研究报告写作的相关问题，然后再分工，参与机构或人员分领一部分或几部分，完成初稿后再汇总讨论修改。若是初次参加政府部门研究报告写作，有两点经验供参考。一是在写作前最好参考和借鉴其他类似研究报告的写作形式、文字表述方式;二是先理清研究主题主要内容及核心观点,再开始文字写作。

(五)调查研究报告(狭义)初稿写作

调查研究报告兼有调查报告与研究报告特点,调查研究报告写作究竟采用何种形式,主要取决于报告给谁看。若调查研究报告主要呈交给决策部门和领导,可主要采用调查报告格式。若调查研究报告读者群为学术研究工作者,可主要采用研究报告格式。一般而言,调查研究报告应当包括六个部分。

1.调查研究背景和目的

调查研究背景主要是说明进行调查研究的原因和重要性。比如,某个问题或者某个经验引起了决策层、领导或者整个社会的广泛关注。若是问题,这些问题一般比较复杂,需要一个较长时期才能解决;若是经验,这些经验比较典型,有在更大范围推广的可能。

调查研究的主要目的有两个:一是客观分析存在的问题和经验,二是找出解决问题和推广经验的途径与渠道。

2.调查方式和方法

调查方式和方法,主要是指实地调查是如何组织实施的。比如,如何确定调查对象?如何访问调查对象,是上门(户)单独调查还是集中一起座谈。

3.调查对象基本信息

调查对象基本信息,包括调查对象的数量、类别、区域分布;不同类别调查对象的基本特征描述等;若调查对象数量少,可以分别描述调查对象的基本信息。

4.调查的主要发现与原因分析

调查的主要发现与原因分析,是调查研究报告的核心部分。一般而言,这部分内容应当包括主要做法、存在哪些问题、取得何种经验、利益相关方评价等。在写作问题、经验和各方评价时,最好能解释和说明产生问题、取得经验和各方持不同评价的理由和原因。

5.国际及国内解决同类问题的做法及经验

国际经验包括其他国家及国际组织解决同类问题的主要做法、经验及教训,国内经验是指国内其他地区解决同类问题的主要做法与经验。

6.结论与政策建议

结论,即调查的主要发现及其启示。政策建议,就是要针对存在的问题提出几点解决办法,针对取得的经验提出几点推广经验的办法等。

调查研究报告与学术研究报告在格式方面有些不同,主要体现在两个方面。一是调查研究报告一般不用复杂的计量模型,只用简单数据分析即可;二是调查研究报告一般不附注释和参考文献,也不附加附件或附录。

三、调查研究报告修改

(一)调查研究报告修改的七个方面

调查研究报告修改,主要包括如下七个方面,即研究报告架构与标题调整、研究报告内容增删、正文文字表述精准性评判与更正、主要数据合理性评判与更正、模型和变量调整、推论和结论合理性评判与更正以及病句、错别字、标点符号错误勘误等。

1.研究报告架构与标题调整

研究报告架构调整,既包括研究报告总体架构调整,也包括各章节内部架构调整。研究报告总体架构调整,主要指研究报告各章节之间的逻辑顺序调整及不同章节间正文内容调整。章节内部架构调整,主要指某章节研究正文内不同部分或不同段落间的调整。标题调整,既包括研究报告主题题目调整,也包括研究报告一级、二级、三级乃至四级标题的调整。

以我本人专著《农民市民化与制度变革》为例,起初书名为《农民市民化与制度变革》。后来考虑到我国城镇化加速阶段还会持续相当长一段时间,而且新一届政府也特别重视城市化问题,于是在提交给出版社时将书名改为《中国城市化:亿万农民市民化与制度变革》。审稿过程中,出版社特约审稿人认为题目不合适,不能集中焦点,城市化比农民市民化含义更广,建议将书名改为《中国农民市民化与制度变革》。经过反复思考,我觉得审稿人意见非常好,最后将书名定为《农民市民化与制度变革》,简单明了。除建议改书名外,出版社特约审稿人还建议调整篇章结构,以使章节逻辑更紧密。提交给出版社的书稿正文部分共11章,原第八、第九和

第十章分别为农民市民化资金需求与财政负担、农民市民化城镇制度障碍与改革探索和农民市民化农村制度障碍与改革探索，采纳特约审稿人建议对原第八、第九、第十章顺序进行了调整，原第九章、第十章分别调整为第八章和第九章，原第八章调整为第十章，先谈制度变革、再讲资金需求，逻辑上更顺。

2. 研究报告内容增删

研究报告内容增删，是指原研究报告正文有些内容应当删除或者删减篇幅，与此同时，还应当增加某些内容或者增加篇幅。

3. 正文文字表述精准性评判与更正

文字表述精准性评判，主要包括文字表达或者判断是否有歧义、用词是否准确、前后表述是否一致等。

所谓歧义，是指概念或判断不明确，容易让人产生误解，或者能理解出多种意思。比如，学术界、决策界曾试图在家庭承包经营与农民积极性间建立正相关逻辑，但对农民积极性有不同理解。杜润生先生认为：包产到户激发了农民生产积极性(1981)，而集体经济则损害了农民生产积极性(2005)[①]。中共中央1998年通过的《关于农业和农村工作若干重大问题的决定》也指出：家庭承包经营能够极大地调动农民积极性。农民积极性与农业生产积极性是一回事吗？或者说可以相互替代吗？为此，我曾经做过专门分析，将农民积极性区分为生产积极性和劳动积极性，家庭联产承包责任制(著者注：家庭承包经营的同义语)究竟是提高了农民生产积极性，还是提高了农民劳动积极性，或是同时提高了农民生产积极性和劳动积极性？最终分析结论是家庭承包经营的主要作用还在于提高农民劳动积极性，农民农业生产积极性主要由农业比较收益决定(专栏7.3)，这个结论对正确评判家庭承包经营制度和指导农业生产非常重要。只有将农民积极性细分为生产积极性和劳动积极性，才能对家庭承包经营制度的作用做出客观评估，做到既不夸大也不贬低这项制度的作用。发展农业，既要通过制度创新提高农民劳动积极性，也要通过改善农业比较收益提高农民生产积极性。

① 出自《杜润生自述：中国农村体制变革重大决策纪实》第98页。原文为："集体经济是一个低效益的经济，它的体制背离了农业生物学特性，使农民疏远土地，无从建立起持久不衰的劳动兴趣和责任感，从而影响他们的生产积极性。"

专栏 7.3　有关家庭承包经营与农民积极性问题的分析

在农业生产中，有两类主体。一类是生产经营者，另一类是劳动者。在家庭农场里，生产经营者也是主要劳动者。在雇佣农场里，生产经营者主要负责生产经营决策，劳动者是雇佣工人。因此，在农业生产中，存在两个“积极性”。一个是生产经营者的积极性，即生产(者)积极性；一个是劳动(者)积极性。

(1)生产(者)积极性。所谓生产(者)积极性，是指生产经营单位生产某种产品或者从事某个行业的积极性。这个积极性，主要体现在生产经营者身上。农业生产(者)积极性，主要受农产品比较收益影响。这里的比较收益有两层含义，一是不同农产品间的比较收益，二是农产品与投入品的收益成本比。如果经济作物收益高于粮食作物收益，生产者就多种经济作物，其生产经济作物的积极性上升，生产粮食作物的积极性下降。如果从事非农业生产经营收入高于从事农业生产收入，其从事非农业生产经营的积极性上升，从事农业生产的积极性下降。

(2)劳动(者)积极性。所谓劳动(者)积极性，是指参与生产经营过程的劳动者，充分发挥其体力和脑力的积极性。与生产(者)积极性不同，劳动(者)积极性，更多地受劳动者所能直接支配的劳动成果影响。劳动者占有劳动成果比例大，其劳动积极性就高。反之，其劳动积极性就低。

(3)生产(者)积极性与劳动(者)积极性的关系。以家庭劳动力为主的农场，无论是自耕自田，还是租佃土地，生产(者)积极性随比较收益变化而变化，而劳动积极性却总是很高。尽管这种家庭农场通常借助小孩和老人的辅助劳动，但这些辅助劳动易于说服和监督。在以雇佣劳动为主的农场里，生产(者)积极性与劳动(者)积极性完全分离。农场主有生产某种农产品的积极性，而雇佣工人并不一定有劳动积极性。我们常常混淆这两个概念，甚至将它们等同起来。比如，我们常说家庭承包经营提高农民生产积极性。实际上，家庭承包经营的主要作用是提高劳动(者)积极性，而生产(者)积极性主要由比较收益决定。

摘自廖洪乐著，《中国农村土地制度六十年——回顾与展望》第 4～5 页，中国财政经济出版社，2008 年。

所谓用词是否准确，是指有些词有特定含义，不能随便乱用。比如，增长率和年均增长率是两个不同概念，环比和同比也是两个不同概念，等等。

所谓前后表述一致，至少有两种含义，一是指前后文结论或者判断不能直接相互矛盾，二是指前文论据需要支持后文结论，或者后文结论必须与前文论据相对应等。

发现文字或判断有歧义、用词不准确和前后表述矛盾等问题后，要对这些问题予以更正。有些问题当时就可以更正，有些问题需要仔细思考后才能更正，有些问题需要很长时间的推敲和琢磨才能更正。

4. 主要数据合理性评判与更正

调查研究报告一般会引用很多数据，有些是官方统计数据，有些是课题组自己调研取得数据，有些是引用他人数据。数据合理性评判至少要包括两个方面，一是数据本身的合理性，二是前后文数据是否一致。

(1)数据本身的合理性。数据本身合理性，主要指数据是否与常识相符或者与均值相近。比如，2014 年某地农户家庭人均纯收入在 2 万元以上，这个数据远高于全国农民人均纯收入平均值，需要核对；南方某省农户家庭承包耕地面积均值为 80 亩，这个数据与南方户均承包耕地面积一般都比较少的常识不一致，需要核对，很可能是将 8 亩写成 80 亩或者原始数据有奇异值。

(2)前后文数据是否一致。前后文数据是否一致包括两种情形：一是前后文数据直接反映的信息是否一致。比如，前文数据反映某地区农户家庭承包耕地面积平均值为 5.5 亩，后文数据显示该地区农户家庭承包耕地面积平均值为 6.5 亩，前后文平均值差异很大。二是前后文数据间接反映信息是否一致。比如，前文数据显示，某地农户早稻化肥施用量为每亩 75 千克，后文数据显示农户经营水田面积为 200 亩，早稻化肥施用总量为 20 000 千克，后文早稻亩均化肥施用量为 100 千克，前后数据不一致。

当研究报告中出现不合理数据时，一定要谨慎。要在评判数据合理性基础上，进一步核对原始数据。若原始数据和数据推算过程都没有问题，就要对看似不合理的数据给出合理解释。

5. 模型与变量调整

随着计量分析方法的普及，很多学术研究报告都会借助计量模型分析问题。模型与变量调整主要包括如下几个方面。一是计量模型适当性问题，即针对特定问题所采用的计量模型是否适当，有无更合适的计量模型供选择；二是数学推导过程是否严谨，推导有无错误；三是自变量与因变量是否真的存在某种逻辑关系，没有逻辑关系的应当剔除；四是自变量是否相互独立，相互间有无明显相关关系；五是还应当增加哪些自变量；六是还应当考虑是否可以用其他自变量和因变量。

6. 推论和结论合理性评判与更正

研究报告特别是学术研究报告，经常需要依靠数据分析计量结果和逻辑推理得出新的推论与结论，或者依据他人结论推导出新推论。比如，在分析农户兼业与农地流转关系时，很多人都会想当然地认为农户兼业会妨碍农地流转。事实上，我们有实证研究证明①，农户兼业并不必然妨碍农地流转。首先，农户兼业对农地流转的影响呈现地区差异，有些地区农户兼业妨碍了农地流转，有些地区农户兼业并没有妨碍农地流转。其次，不同类型农户在农地流转市场上角色不同，纯农户和Ⅰ兼农户主要转入农地，Ⅱ兼农户和非农户主要转出农地。从我们的研究结果看，认为农户兼业必然妨碍农地流转的判断并不完全正确，它很可能只是一个地区的特有现象，其他地区有反例证伪它。

7. 病句、错别字与标点符号错误勘误

学术研究报告修改，还必须包括病句、错别字与标点符号的修改、调整和勘误，进而使行文更流畅。

(二)不同类型调查研究报告修改差异

不同类型调查研究报告，修改的重点和复杂性有很大差异。一般而言，按调查研究报告修改难度由低到高排序，依次为调查报告、调查研究报告和研究报告。三类研究报告修改难度由低到高排序，依次为政府部门研究报告、学术论文和学术研究报告。政府部门研究报告与学术研究报告修改存在显著差异：一是政府部门研究报告修改一般不会涉及计量模型与变量调整；二是政府部门研究报告修改所涉及的主要判断或结论很容易受非学术因素影响，通常要以政府部门或领导意见为主。表 7.1 列出了五类调查研究报告七方面修改工作的复杂性差异。在研究报告架构与标题调整方面，调查报告与调查研究报告一般不会有大调整，而政府部门研究报告与学术研究报告很可能会有大调整；在正文文字表述评判与更正、数据合理性评判与更正和病句、错别字、标点符号勘误等方面，对五类调查研究报告都同等重要；在模型与变量调整方面，一般只有学术论文和学术研究报告才会涉及，其他三类报告不会涉及。

① 廖洪乐，《农户兼业及其对农地承包经营权流转的影响》，《管理世界》2012 年第 5 期。

表 7.1 五类调查研究报告七方面修改差异对比

	调查报告	调查研究报告（狭义）	政府部门研究报告	学术论文	学术研究报告
1.研究报告架构与标题调整	*	**	****	***	*****
2.研究报告内容增删	*	**	****	**	****
3.正文文字表述精准性评判与更正	**	**	**	**	**
4.主要数据合理性评判与更正	**	**	**	**	**
5.模型与变量调整	—	—	—	*****	*****
6.推论和结论合理性评判与更正	—	*	*****	*****	*****
7.病句、错别字与标点符号错误勘误	*	*	*	*	*

注：* 号表示调查研究报告各项修改内容的复杂性，* 号少表示简单，* 号多表示复杂。

(三)调查研究报告修改注意事项

通常，调查研究报告修改有两种方式。一是完全由研究小组内部人员参加讨论修改研究报告，二是吸纳研究小组外部人员参加讨论修改研究报告。调查研究报告修改需要注意如下事项。

1.指定专人记录修改意见

修改篇幅长、内容复杂的调查研究报告，一般讨论时间会比较长，需要修改的内容也很多。因此，须指定专人记录修改意见，以便事后对研究报告进行更新。

2.让所有参会人员充分表达其意见

调查研究报告修改，一是要找出研究报告的不足或缺陷，二是要从外部获得灵感和启发。为此，要让所有参会人员充分表达其意见，不能依据参会人员年龄、资历、性别、知识背景、观点和语言表达能力差异取舍其意见和看法。在研讨过程中，充分的争论与讨论会给研究报告修改提供更有价值的参考意见和观点。

3.妥善处理判断和观点分歧

研究报告修改过程中，出现判断和观点分歧很正常，处理这些分歧的一个常用原则是区别对待。若是学术论文和学术研究报告，主要由研究人员自己取舍；若是政府部门研究报告，主要以政府部门或领导的判断和观点为主。一般而言，前一种情形比较好处理,第二种情形较为复杂。第二种情形可细分为两种不同情况,也要区别对待。

(1)与政府部门或主要领导观点不完全一致情形。当你的观点与政府部门或主要领导观点不完全一致时,无论你是政府部门职员还是研究学者,最好的办法就是求同存异。比如,最近一次某部门邀请我参加农村土地制度改革研讨会,其中一个很有争议的问题是"长久不变"究竟是多久?政府部门参加人员倾向于设立一个期限,他们纠结的是这个期限究竟是40年、50年还是70年,哪个更合适。我的主张是首选"永久不变",只要农地农用没必要再设期限,这是我认为的最优选择。早在2014年底,我就写过一篇短文"农地承包还是永久不变好",论述了实行"永久不变"的理由。同样,2016年中央农村工作领导小组办公室委托我单位研究农村基本经营制度问题,其中有部分内容是如何理解"长久不变"政策,我的建议是"长久不变"就是"永久不变",但项目负责人觉得还是设定一个期限好,最好是"70年不变"。于是,向中农办的最终建议为"70年不变"。在"长久不变"期限问题上,我与一些政府部门或领导观点不同,他们倾向设期限,我倾向不设期限,但我们也有共同点,即"长久不变"要比30年承包期长。在这种情形下,没必要纠结谁对谁错。实际上,在我看来,"长久不变"政策的难点在于它究竟有没有期限,这需要政治智慧,需要中央决策,不是一个政府下属部门能解决的问题,也不是全国人大能解决的问题。如果中央决策认为还是设个期限为好,那就设个期限。至于期限具体为多长时间,我觉得只要比30年长就可以,至于是40年、50年还是70年已经不重要,70年也就是一个30年和一个40年。如果中央决策认为没必要设立一个期限,直接实行"永久不变",那更合我意。当然,中央决策也不是从个人主观意志出发,还是要听取各方意见与建议的。有人说70年,有人说永久,各有各的道理。中央最终决策可能是70年,可能是永久,也可能是70年或永久。在本书稿完成之际,中共十九大对这个问题做出了如下决定:保持土地承包关系稳定并长久不变,第二轮土地承包到期后再延长三十年。再延长30年,显然与"70年不变"和我主张的"永久不变"有差异,但也可以接受,是一项次优选择。正如我2008年在专著《中国农村土地制度六十年——回顾与展望》所论述的那样:30年承包到期后可以有多种选择①。

① 比如,可以再次延长30年;可以借鉴国有建设用地使用权出让的做法,给予农民50年或70年的耕地使用权;也可以将耕地使用权永久性租佃给农民,即集体所有制下的"永佃制"。见《中国农村土地制度六十年——回顾与展望》第204页。

(2)与政府部门或主要领导观点完全不一致情形。当你的观点与政府部门或主要领导观点完全不一致甚至相反时,你首先应当充分了解政府部门或主要领导观点,并仔细检讨自己的观点。经过慎重考虑后,你会做出更好选择,要么继续坚持自己观点,要么改变自己观点。当你坚信自己观点时,有两种应对办法。一是尽力说服政府部门或主要领导改变他们的观点,采纳你的观点;二是若政府部门或主要领导仍坚持他们的观点,你最好的办法仍然是区别对待。这里的区别对待,是指在修改政府部门研究报告时,采用政府部门或主要领导观点;在其他场合,仍坚持自己观点。以2012年我本人参加农业部某司局现代农业课题研究报告写作与修改为例,根据研究专长,我负责农民工市民化、土地流转和中国特色农业现代化模式选择与制度设计等三部分初稿写作。在初稿修改阶段,我与该司A司长有关农民市民化的观点存在巨大差异,甚至可以说完全相反。在讨论初期,A司长认为要以"脱三穿五"方式推进农民市民化,即让农民脱去农村"三件衣服"后再穿上城镇"五件衣服"①。也就是说,农民获得城镇五项福利要以牺牲农村三项权利为前提。我不赞成A司长有关"脱三穿五"的政策构想。表面看,"脱三穿五"还赚了两件,实质上严重损害了农民利益。早在2008年我就对各地推行的"以土地换保障"做法有过评判,认为它严重损害了农民利益,不能将农民可否获得社会保障与是否拥有财产权利挂钩②。2013年我进一步指出"以土地换保障"政策有明显逻辑错误,农民用自己的财产去换取自己应有的社会保障等权利,在逻辑上行不通,完全没有必要;"脱三穿五"的政策构想源于"以土地换保障",不仅逻辑不通,还会严重损害农民利益③;农民要带地、带房、带产市民化。经过一番争论,研究报告终稿有关"脱三穿五"政策构想基本遵循了如下表述:在社会保障方面,要让农民工穿上"五件衣服",即将农民工纳入城镇职工社会保障范围,让农民工享受与城镇职工同等的就业、养老、医疗、住房和教育保障水平,实现转户进城后"五件衣服"一步到位;在农民财产权益保障方面,要充分保护农民的土地承包经营权、房屋宅基地权利和集体资产收益权;对转为市民的农民工,允许其在一定期限内继续保留承包地、宅基地和房屋使用权以及集体资产收益分配权;对农民自愿退出的承包地、宅基地和集体资产股份,给予足够补偿。这次经验给我如下启示:在讨论修改政府部门研究报告出现意见分歧时,要敢于坚持自己已经成熟的观点,要勇于说服别人接受自己观点。假若这次修改没有采纳我的意见,

① 所谓农村"三件衣服"是指农村土地承包经营权、宅基地使用权和农村集体收益分配权;城镇"五件衣服"是指城镇就业、养老、医疗、住房和教育保障。

② 廖洪乐,《中国农村土地制度六十年——回顾与展望》第187-188页。

③ 廖洪乐,《农民市民化与制度变革》第182-195页。

而是采纳了 A 司长有关“脱三穿五”的观点，我也不反感，因为我在这次研究报告修改中的角色相当于一个“打工者”。不过，在其他场合，我仍然会坚持自己的观点。

四、处理好定性分析与定量分析的关系

写作或修改调查研究报告过程中，经常使用定性分析和定量分析。所谓定性分析，就是借助特定理论、经验、个人直觉等，对事务、事件或分析对象的性质、特征、变化规律等做出描述和客观判断。所谓定量分析，就是借助特定量化分析方法，分析事务、事件或分析对象之间的数量比率、比例及其他相关关系。定量分析可细分为简单定量分析和复杂定量分析，诸如增长率、年均递增率、百分比构成、弹性等属于简单定量分析，需要引入数学计量模型的属于复杂定量分析。在很多情形下，定量分析常常伴随对比（或比较）分析。比如，对比分析不同国家或地区 GDP 增长速度，对比分析不同国家或地区幼儿及小学生营养状况，对比分析不同国家或地区农业科技对农业增长的贡献率等。

关于定量分析与定性分析的关系，一般认为定量分析要以定性分析为基础，定性分析提出假设，定量分析为定性分析提供数据和经验支持。定量分析与定性分析关系可区分为三种情形，即定量分析结果与定性分析结论或假设完全一致、完全相反和部分相符。前两种情形比较简单，我们要么肯定定性分析结论（完全一致时），要么否定定性分析结论（完全相反时）。第三种情形比较复杂，当出现部分相符和部分不相符时如何取舍，需要技巧和智慧。在我国农村调查研究中经常出现第三种情形，即来自不同渠道和途径的定量分析结果差异很大，有的甚至相互矛盾。面对第三种情形，究竟该如何取舍，认可哪个结果？我的建议是：先认可所有定量分析结果，在此基础上综合出新的定性分析结论。从研究分析逻辑看，应当是先定性分析、再定量分析、再定性分析。这里，举两个实例说明如何处理第三种情形。

实例 1：农地承包期长短对土地长期投入的影响。关于农地承包期长短对土地长期投入的影响，最基本的结论或假设是农地承包期长短对农地长期投入有显著正影响。不过，从已有实证研究看，有实证研究验证了这个结论，也有实证研究认为这个结论不成立。当定量分析结果不一致或者完全相反时，我们需要更进一步分析。首先，要分析两种不同定量分析结果产生的原因。先看各自采用的自变量和因变量是否完全相同，若自变量和因变量存在差异，那么这可能是导致定量分析结果不同的主要原因。在此基础上，进一步考察自变量和因变量都有哪些差异？有可能是地区差异，有可能是作物种类差异，有可能是基础条件差异，还有可能是习俗差异，等等。其次，要考察二者差异程度。若差异程度不大，我们倾向于认可原来的定性分析结论；若差异程度很大，我们倾向于综合出新的定性分析结论。比

如，有定量分析表明农地承包期长短对长期投入有显著正影响，有定量分析表明农地承包期长短对长期投入影响不显著，综合起来，农地承包期长短对长期投入有显著正影响还是可以接受的。若有定量分析表明农地承包期长短对长期投入有显著正影响，有定量分析表明农地承包期长短对长期投入有显著负影响，两个研究结论完全相反。在这种情形下，我们需要重新综合出新的定性分析结论，即农地承包期长短对长期投入的影响，有可能是显著正影响，也有可能是显著负影响，还有可能根本就没影响，影响长期投入主要是承包期以外的其他因素。

实例 2：是否应当调整承包地。长期以来，人们对是否应当调整承包地有不同观点和看法。有定量分析结果表明主张调地的农户比例比主张不调地的农户比例高，也有定量分析结果表明主张调地的农户比例比主张不调地的农户比例低。我们到底该如何取舍这两种结果？同理，先要分析两种不同定量分析结果产生的原因。样本是否存在地区差异，是否存在性别差异，是否存在制度环境差异等。其次，要考察两个定量分析结果差异程度。若绝大多数农户都认可调地，那就应当允许调地；若绝大多数农户都认可不调地，就应当不调地；若认可调地与认可不调地农户比例差异不大，就需要结合其他信息进行综合分析，调地可以，不调地也可以。

五、价值取向、生活阅历和预设立场对研究结论的影响

研究报告的结论与推论，常与报告撰写人的价值取向、生活阅历和预设立场密切相关。面对同样的调查事实，价值取向不同、生活阅历不同，人们得出的结论就会不同，甚至完全相反。

（一）价值取向影响研究结论的例证

长期以来，我一直反对"以土地换保障"提法，在《农民市民化与制度变革》一书中，我提出要通过城镇五大制度创新[①]和农村五大制度创新[②]，既保障转市农民参

① 城镇五大制度创新主要包括：通过就业制度创新，消除户籍歧视；通过社会保障制度创新，确保农民工与城镇职工同等参加社会保险的权利；通过保障性住房制度创新，保障城乡接合部被征地农民和进城务工农民与城镇居民享有同等分配权；通过教育制度创新，允许农民工子女到城镇常居地接受义务教育，参加中考和高考；通过城镇建设、管理与维护制度创新，允许农村集体建设用地进入建设用地一级市场，将农民自建城镇纳入市镇公共服务范围。

② 农村五大制度创新主要包括：通过土地承包经营制度创新，实行承包经营权长久化，允许承包经营权抵押、继承；通过农村宅基地及房产制度创新，允许农村房屋自由买卖和抵押；通过集体资产管理制度创新，允许农民个人股权转让、继承或通过市场自由交易；通过集体土地征收制度创新，允许农村集体经济组织出租、转让建设用地使用权，按市场价格对农民房屋进行补偿；向农民颁发土地权属证书，建立农村产权登记、交易管理系统。

加社会保障的权利，也保护转市农民农村财产权利。简而言之，农民要带地（承包地）、带房（宅基地和房子）、带产（集体资产）市民化。提出上述改革或者政策主张，与我个人的价值取向密切相关。当需要对改革做出大是大非判断时，我始终坚持社会主义市场经济和城乡一体化两大价值取向（或原则）。凡符合上述两个取向（或原则）的改革，我就赞同。以土地换保障，既有违于社会主义市场经济原则，也有违于城乡一体化原则，还存在明显的逻辑矛盾。说它有违于社会主义市场经济原则，主要是有违于市场应在资源配置中起基础性作用原则，有违于产权主体平等和交易平等原则。说它有违于城乡一体化原则，主要是有违于城乡二元结构向一元结构转化的客观规律，有违于城乡居民权利平等的要求。说它存在逻辑矛盾，主要是因为土地是农民的财产，参加社会保障是农民应有的权利，农民用自己的财产去换取本应属于自己的权利，逻辑上讲不通。

（二）生活阅历影响研究结论的例证

以我本人对农村承包地调整的观点和看法转变为例，我曾经主张根据人口变化调地，现在认为没有必要调地。导致我观点和看法发生根本转变的，主要是三件事。一是我们曾经做过的大样本研究证明非农就业水平高低对调地有显著负影响。非农就业机会多的农户，选择调地的概率会显著下降；非农产业发达的村庄调地次数显著减少。据此推断，随着非农产业的发展，农民对不调地的认可程度会越来越高。二是城镇住房制度改革。与农村调地类似，以前城镇国有单位和政府机关也经常分房，分房主要按职务和资历排队，职务高、资历老的分房面积大，职务低、资历浅的分房面积小。为分到好房（包括面积、区位、楼层、朝向等），单位职工想尽一切办法，有的想改变规则，有的直接找领导说情，同事之间为分房之事还经常闹点小意见。住房制度改革后，城镇住房（不包括保障性住房）商品化，住房配置由原来的行政分配变为市场配置，城镇居民面向市场购买住房。城镇住房改革的事实证明，市场配置比行政分配住房好。商品房建设速度和城镇居民人均住房面积都快速增长，城镇职工住房好坏主要由收入高低和风险偏好决定，不再由职务和资历决定。许多职务低、资历浅的城镇职工住上了大房、好房，他们的住房比那些职务高、资历老的职工还好，这在原来依靠行政分配住房的制度环境下是不可想象的。三是我老家几位老人对调地态度发生改变。他们过去都认为应当根据人口变化调整土地，这些年来他们的态度开始发生改变。他们并不强烈反对调地，他们认为想调也调不了。他们告诉我调不了的原因很简单，有些农户原来的水田还是水田，有些农户的水田变成了旱地，有些农户的水田已经建房了，个别农户多数水田都建房了。再重新根据人口变化调地,将未建房农户的水田调给建房农户,道理上讲不通,未建房农户也不愿意。上述阅历让我坚信,农村承包地也没必要再调整,不调地不会饿死人,正如城镇单位不分房也没见人露宿街头是一个道理。

(三)预设立场影响研究结论的例证

两年前,单位A请我去修改他们完成的一份农地调查研究报告,其中有件事给我留下深刻印象。他们调查了农户二轮延包(即"30年不变")到期后的调地意愿,在1 000多份调查样本中,有29%的农户认为二轮延包到期后应当调整承包地,有32%的农户认为二轮延包到期后不应调整承包地,有39%的农户表示说不清楚①。他们认为只有不到1/3的农户明确表示反对调整承包地,其他多数农户要么赞成、要么不反对调整承包地。因此,他们给出的政策建议是二轮延包到期后应当进行土地调整。我当时认为他们根据调查数据做出的推论不妥当,理由如下:赞成或反对土地调整的农户比例都不是最高的,比例最高的是表示说不清楚的农户群体。也就是说,在应当不应当调地这件事上,多数农户自己无倾向性看法,很可能是顺从上级政府政策规定,政府让调就调,政府不让调就不调。那为什么他们就能得出农户要求调地的主张呢?根据我事后的了解,他们推出多数农户要求调地的推论另有其因,预设立场完全左右了他们的判断。他们的主管领导主张全国二轮延包到期后应进行一次土地调整,他们是在给领导寻找支持调地主张的证据,只不过找到的证据不是很充分。根据调查数据,若他们的领导主张不调地,他们就会得出如下推论:只有不到1/3的农户认为应当调地,多数农户反对调整承包地。在实际研究工作中,这种预设立场影响研究结论的例子真的不少。

六、研究成果输出

(一)召开或参加学术研讨会

1.自己召开学术研讨会

若研究项目有足够经费支持,可召开专门学术研讨会发布研究成果。召开学术研讨会有两大好处:一是可以宣传和传播学术研究成果,扩大研究成果影响;二是让学术同行围绕研究成果发表各自的意见和看法,有利于完善研究成果。

---

① 研究报告初稿因搬办公室丢失,但这件事是真实的;三个百分比数据不是原报告的真实数据,是我凭记忆虚拟的,但三个数据的数值太小关系与原报告一致。

2.参加他人组织的学术研讨会

项目组可以带着自己的研究成果,参加他人组织的学术研讨会。在学术研讨会上介绍自己的研究成果,也可以实现宣传、传播学术研究成果和完善研究成果的目的。

参加学术研讨会,要注意如下事项:一是发言不要超过规定时间;二是不能跑题;三是讨论必须充分且要有严密逻辑。

(二)公开发表学术论文

1.撰写学术论文

前文已经介绍了如何撰写学术论文。这里要强调的是,一些有影响的学术期刊对学术论文格式有特殊要求。比如,对论文字数、论文排版、注释及参考文献格式、英文简介以及投稿方式等都有特别要求。在确定意向投稿期刊后,最好查找到该期刊最新的投稿要求,以便写作能按其要求进行,避免写出的论文在基本表现形式上与期刊不一致。

2.学术论文投稿

学术论文完成后,即可按投稿期刊要求提交论文纸质版或者电子版,到审稿期结束时可以查询稿件采用情况。

3.学术论文修改

越来越多的期刊开始实行匿名审稿制度。若有用稿意向,一般会要求作者按匿名审稿意见对稿件做修改。有些稿件只要稍加小改即可被采用,有些稿件需要进行大改后才能决定是否被采用。无论是小改还是大改,投稿人都要认真对待。对匿名审稿人提出的修改建议,投稿人可以完全接受,可以部分接受,也可以完全不接受;对匿名审稿人提出的种种疑问,要逐一答复。还有一种情况是,在按匿名审稿意见修改过程中,投稿人自己又发现了新的问题,对新出现的问题也要一并加以解决。

(三)出版学术专著

对于篇幅超过 10 万字的学术研究报告,可以考虑出版学术专著。

(四)上报决策机关和领导

有些研究成果,与当前各级领导关注的热点问题密切相关,可以将这些研究成果摘写成短文,通过适当渠道报送上级决策机关和领导。报送决策机构和领导的文章,要文字简练,逻辑严密,篇幅不能太长,一般不要超过5 000字。

(五)借助新闻媒体发表研究成果和学术观点

有些研究成果,可以借助报纸、电视、网络等媒介给予发布或发表。

第八章　农村调查研究的新形势

一、农村事务更加多元化、多样化

(一)农业产业目标多元化

长期以来,我国农业产业目标单一,主要是确保农产品产量增长,实现供求总量平衡。无论是20世纪70年代“以粮为纲、全面发展”,80年代“积极开展多种经营”,还是90年代初“两高一优”农业,其核心目标都是确保粮食和主要农副产品总量快速增长。直到20世纪90年代末期,中央政府做出对农业生产结构进行战略性调整的重大决策,农业开始由追求单一产量目标向追求多元目标过渡。农业产业多元目标包括农产品供求总量与结构平衡、农产品生产经营者获得合理利润、农业可持续发展和拓展新的增长空间。农业产业目标多元化,应包括七个方面。

1. 确保口粮自给自足

我国人口基数大,确保口粮自给自足应当始终作为立国之本。口粮安全不只是一个经济问题,更是一个政治问题。口粮问题不能完全依靠市场解决,需要政府适当干预。根据我国城乡居民长期以来形成的饮食习惯,口粮主要包括大米和小麦。最近几年,有种新提法叫作土豆口粮化。土豆能否成为主要口粮,还有待验证。

2. 确保其他非口粮农产品总量与结构供求平衡

在确保口粮自给自足基础上,非口粮农产品供给总量与供给结构平衡,应当充分借助比较优势,利用国际、国内两个市场进行调节。

3. 确保农产品质量安全

无论是国内市场还是国际市场,消费者都越来越关注我国农产品质量安全。在国内,转基因、农畜药残留、有机农产品、无公害农产品、地理标致产品等原本只被专业人士熟悉的专业术语，已经被越来越多的普通消费者所熟悉和关注。随着农业生产方式的改变和城乡居民生活水平的提高，人们对农产品质量安全关注度只会上升不会下降。

4. 确保农产品生产经营者获得合理利润

长期以来，我国存在大量小农，小农为确保自家农产品需要，常常不计成本生产农产品。小农从事农业生产不计成本，主要有三个原因。一是小农非农就业机会少，从事农业的机会成本非常低，或者说没有其他选择只能从事农业；二是小农收入低，没钱到市场上去购买农产品；三是农产品不丰富，有钱也买不到。随着工业化和城镇化进程加快，非农就业机会增加，小农从事农业机会成本上升，小农从事农业生产不仅会进行成本收益比较，还会考虑机会成本。此外，诸如专业大户、家庭农场和农业产业化龙头企业等新型农业经营主体，只有能够获得合理利润才会长期投资农业。因此，今后我国会有越来越多的农业生产经营主体依据农业生产经营成本与利润状况决定是否进行农业投资。

5. 延长农业产业链，获得加工利润

长期以来，我们习惯将农业视为第一产业，是农产品初始生产者和原料提供者。这种观念今后会有改变，农业产业不仅是第一产业，其产业链将延伸至食品加工等第二产业，以获得更多利润。

6. 确保农业可持续发展

随着环保意识的不断增强，农业生产经营与自然生态环境的良性发展会受到高度重视，过分依赖化学投入品的农业生产经营方式将会根本改变。化肥、农药等投入品施用量将相对减少，其他有机投入品投入将相对增加。

7. 充分挖掘农业景观功能

农业不仅有生产功能，还有景观功能。农业景观，同时具有自然景观和人工景观双重属性。比如，成片的茶园、果园、油菜花、鱼塘、河道等，既是自然景观，也可通过适当人为干预成为人工景观，甚至直接开发成旅游景点。今后，农业的景观功能会更加显现。

(二)农村事务多样化

长期以来，我国农村事务集中关注农业生产、农民增收和基础设施建设三个方面。今后，农村事务会增添更多新内容，主要应包括以下七个方面。

1. 农村居民社会保障与扶贫事务

(1)农村居民社会保障事务。主要包括农村居民养老、医疗保险和最低生活保障。纵向看，近几年来农村居民特别是农民养老、医疗保险和最低生活保障事务快速发展。横向看，无论是覆盖面还是保障程度，农村居民都比城镇居民低。因此，农村居民社会保障事务还有足够成长空间。

(2)农村居民扶贫事务。贫困有绝对贫困和相对贫困之分，过去我国绝对贫困人口主要分布在广大边远农村地区。随着政府对扶贫事业的高度重视，绝对贫困人口数量会逐年下降，绝对贫困现象会根本消灭。与绝对贫困可以消灭不同，相对贫困会长期存在。今后，农村地区相对贫困问题会成为关注重点。

2. 农业补贴事务

进入 21 世纪，我国先后提出了统筹城乡经济社会发展和建立“以工促农、以城带乡”的新理念，不仅全面取消了农业税费，而且开始对农业进行补贴，比如粮种补贴、粮食直补、农资综合补贴和农机购置补贴。对农业进行补贴是世界发达国家和地区扶持农业发展的通行做法，今后，我国对农业的补贴力度还会加大，农业补贴在农民收入中的比重会逐步提高，农业补贴办法也会不断完善。

3. 农业技术创新、推广和农民教育、培训事务

(1)农业技术创新与推广。受人多地少矛盾制约，提高农业竞争力最终还得依靠科技进步。科技进步包括科技创新和推广两个方面，农业科技创新既需要政策引导，也需要投资驱动；农业科技推广迫切需要解决“最后一公里”问题，即探索出一套办法让农民有效使用新品种、新技术。

(2)农民教育与培训事务。今后，农民教育与培训事务，不再仅局限于识字教育和农业生产技术培训，还要向农业生产经营管理领域延伸，向互联网和电子商务领域拓展。

4. 农村公共公益事业建设与管治事务

在过去相当长一段时期内，我国农村公共公益事业建设主要靠农民自己。改革开放前，农田水利设施建设、村级卫生院和小学等，主要由生产大队统一组织建设与管理。改革开放后，农民通过缴纳“三提五统”和承担积累工、义务工等方式，继续为农村公共公益事业建设出资、出力。进入 21 世纪以来，政府公共财力增强，

各级政府财政开始加大对农村公共公益事业建设投入。不过，问题也很快显现，一是过分依赖政府财政投资，二是管护问题没有解决好。今后，农村公共公益事业建设与管治事务，将进入政府、集体、农民个人和其他法人组织共建、共管时代。

5. 农村产权登记与交易管理事务

在过去相当长一段时间里，我国农村产权既不登记，也不交易。当前，我国正在进行农村各类资产产权登记工作，比如，农村集体土地所有权登记、土地承包经营权登记、集体建设用地使用权登记、宅基地使用权登记、农民房屋所有权登记和集体资产股权登记。登记是为交易做准备，只有在政府权威部门登记的资产权利才具备在更大范围交易的可能性。可以预见，今后农村产权登记、变更、交易等事务将成为农村一项非常普遍的事务。

6. 农村法律援助事务

改革开放以前，我国涉农法律、法规不多，涉农事务主要依靠政策进行规范和调节。改革开放后，我国法治进程加快，涉农法律、法规逐年增加，农村事务进入政策与法律共同规范和调节阶段。随着国家法治水平不断提高，农村法律援助事务会变得更加重要和普遍，这主要是基于如下两个原因：一方面，更多的农村事务会依靠法律、法规进行规范和调节；另一方面，涉农事务主体普遍缺乏法律知识，法制观念淡薄，缺乏依靠法律、法规解决问题的意识。

7. 农村社区自治事务

目前，我国农村基层治理形式主要是村民自治。村民自治通常以行政村或村民小组为单位，它还带有行政色彩。随着农村经济社会不断发展，会出现真正意义上的新型社区。新型社区将打破传统意义上的行政区划概念，不仅会突破行政村界限，还有可能突破乡镇、市县甚至省级界限，进而形成真正意义上的社区自治。

（三）农民权益保护和参与意识增强

1. 农民财产权利保护意识增强

农民财产既包括个人财产，也包括集体财产。随着农民个人财富和集体经济不断增长，农民个人财产意识和集体财产意识会不断增强。农民不仅高度关注其承包地、宅基地和房产等个人财产权利与收益，也高度关注其集体土地、集体股份等集体资产权利与收益。比如，随着工业化和城镇化进程的推进，非农用地资产价值快速增长，农民迫切希望实现集体土地与国有土地“同地、同权、同价”，以分享工业化、城镇化和土地非农化带来的增值收益。

2. 农民参与意识提升

农民参与社区事务，包括经济、社会、政治等各个方面。在经济社会事务方面，农民希望通过自己的参与，为自己和社区带来更好经济利益和更多便利。在政治事务方面，农民希望通过自己的参与，改善社区治理。

除农民自己高度关注其权益外，社会各界也会更加关注农民权益保护和参与性问题。

二、涉农事务主体及其诉求更加多元化、多样化

（一）涉农事务主体更加多元化

农业集体化时期，涉农事务主体主要包括政府及其部门、农村集体经济组织（公社、大队和生产队）、合作组织（供销社、信用社等）和农户等四大主体。实行家庭承包经营和人民公社政企分开改革后，涉农事务主体主要包括政府及其部门、农村集体经济组织（村组两级）、合作组织、农户、乡镇企业和村民自治组织等六大主体。自 20 世纪 90 年代后期以来，涉农事务主体更加多元化，这主要表现为两个方面。一方面，除前述六大传统涉农事务主体外，新增了诸如专业大户、家庭农场、专业合作社、农业产业化龙头企业等新型农业经营主体和非政府组织等涉农事务主体。另一方面，政府组织也有更多部门涉及农村事务。比如，政府社会保障部门因农村养老保险开始介入农村事务，政府卫生部门因新型农村合作医疗开始介入农村事务，政府土地规划部门因新村规划与建设开始介入农村事务。

不仅涉农事务主体多元化，涉农事务主体自身属性和涉农事务程度也在发生深刻变化。在涉农事务主体自身属性方面，农村集体经济组织和村民自治组织一直没有获得应有法律地位，即将实施的《民法总则》将农村集体经济组织和村民自治组织归为特别法人，赋予他们相应法律地位。在涉农事务程度方面，很多政府部门开始深入介入农村事务，比如，卫生部门因新农合而全面介入农民医疗事务，财政部门因大量农业补贴和农村公共公益事业投入而全面介入农村事务，教育部门因九年制义务教育而全面介入农村事务，等等。

(二)涉农事务主体诉求更加多样化

1. 政府诉求更加多样化

政府诉求多样化,主要表现在促进农业农村发展和改善政府管理方面。

首先,在促进农业发展方面。自20世纪80年代以来,政府对农业诉求经历了三个阶段。第一阶段是追求农业产量最大化,为实现这个目标采用家庭承包经营制度安排提高农民积极性,经验已经证明这项政策效果明显,政府会长期坚持下去。第二阶段是提高农业国际竞争力,为实现这个目标政府采用了适度规模经营、组织合作社和推进农业产业化制度安排,这些政策取得了一定成效。今后,政府对农业诉求的重点将是保证农产品质量安全、提高农业竞争力、实现农业可持续发展和拓展农业新功能。

其次,在促进农村发展方面。政府开始全面介入农村扶贫、农民社会保障、农村义务教育等各类事务,并采取各种措施改善村容村貌和农村居住环境。

最后,在改善政府管理方面。自20世纪80年代中期"撤社建乡"改革以来,政府进行过多次乡镇机构改革,其共同特点是进行乡镇机构撤并和人员裁减。今后,乡镇改革重点将由原来简单的机构撤并和人员裁减,转化为职能定位和绩效管理。也就是说,要在适当撤并机构和裁减人员基础上,定岗、定员、定责,并大力推行基层政府绩效管理。

2. 农村集体经济组织诉求多样化

实行家庭承包经营后,农村集体经济组织一直将增加集体收入和增强服务能力作为其主要诉求。进入21世纪后,越来越多的发达地区农村集体经济组织要求进行集体资产经营管理制度改革,通过股份制或股份合作制改革,搞活集体经济组织经营机制,为其更快发展提供基本制度保证。

3. 小农户诉求多样化

自20世纪80年代初实行家庭承包经营后,一家一户的小农迫切希望政府或者其他服务组织为其提供农业产前、产中和产后服务,比如统一供种、统一灌溉、统一防治病虫害、统一收割、统一销售等。后来,一些小农希望联合起来组建合作社,组建合作社可以低价购买到生产资料,高价出售其农产品,进而获得更多利润。组建合作社后,合作社又有了新诉求,突出表现为两个方面:一是希望金融机构能为其提供便利的贷款服务;二是希望在更大范围组建更高层次的联合社,以便更好地拓展业务，更好地扩大影响力。

4. 新型农业经营主体诉求多样化

新型农业经营主体具有租地经营、经营规模大、投资需求大、经营风险高等特点，因此，新型农业经营主体希望土地租期更长、更稳定，更需要从多渠道获得融资，更需要抵御自然和市场风险。在融资方面，新型农业经营主体希望其流转或租用的土地承包经营权能用作抵押物向金融机构贷款。新型农业经营主体还希望能从外部获得经营管理服务与咨询，比如投入产出分析、经营战略制定等。

5. 涉农金融机构诉求更多抵押物

长期以来，由于农村有效抵押物缺乏，农村发展缺乏资金支持。比如，农民房屋及其宅基地不能用于抵押，集体土地所有权和农户承包经营权也不能用于抵押。随着城乡经济社会日益一体化，不仅新型农业经营主体和农户会诉求更多抵押物，金融机构为了拓展农村业务也会诉求更多抵押物。

6. 所有涉农事务主体诉求更高效的农村治理

政府希望通过改善农村治理，实行农村社会长治久安，比如，不断完善村民自治、完善农村财务管理和民主监督等。农民希望获得更多民主权利和话语权，真正参与村庄及社区各类事务。新型农业经营主体希望能有权利参加农村社区经济社会事务和社区治理事务，获得与当地村民同等权利。非政府组织希望充分发挥其作用，扩大其对社区事务的影响力等。

三、农村治理方式与方法多样化

（一）传统行政管理方式与新公共管理方式并存

目前，我国农村治理方式还是以传统行政管理为主。传统行政管理有四个特点：一是强调政府权威性和主导性，政府制定并执行公共政策，农村居民是政策和公共服务的被动接受者；二是政府机构和行政官员直接提供公共服务；三是政府机构封闭运行，采用严格的等（层）级管理；四是政府机构和行政官员行使职责时，须严格遵守规定和程序。传统行政管理存在两大缺陷：一是政府机构和行政官员垄断公共服务，垄断致使公共服务供给不足；二是政府行政支出大幅度增长，政府部门追求公共支出预算逐年增长。

今后，农村治理应当借鉴新公共管理理论，推行新公共管理。新公共管理有两个特征，一是引入竞争机制，打破政府行政机构对公共服务的垄断；二是将私人部门和企业管理方法应用于政府行政部门，以提高政府公共服务部门效率。新公共管理主张民营化和市场化，形式多种多样。比如，合同承包、特许经营、补助、凭单制、法令委托、出售、无偿赠予、民间补缺、政府撤退和放松管制等。这两年流行的PPP项目，实质就是政府与私人组织合作提供公共物品和服务，合作从事基础设施建设。比如，政府与企业共同建设、经营与管理城市基础设施项目。PPP项目的优点在于可以节省政府开支，并采用企业先进的经营管理方法，促使项目效益最大化。

（二）从政策治理为主转为法律治理为主

过去相当长一段时期内，我国农村事务治理以政策治理为主。目前，我国农村事务治理的特点是政策治理与法律治理并存。重大变革事务以政策治理为主，通过政策授权允许突破现行政策或法律规定；日常事务由法律、法规和常规政策调节。今后，农村治理会逐步转变为法律治理为主、政策治理为辅。导致这种转变的原因有两个：一是农村经济社会发展事务管理日益程序化、常规化，依靠法律、法规调节即可实现平稳运行；二是相对于法律、法规，政策容易受领导人或执行人的意愿和看法转变而改变，这种频繁的改变不利于经济社会平稳运行。

（三）乡镇政府改革方向发生根本转变

自1982年“撤社建乡”以来，乡镇政府经历了四次改革，改革的主要内容是精简机构和人员。四次乡镇改革的效果并不理想，有人甚至认为陷入了“精简—膨胀—再精简—再膨胀”的恶性循环。今后，乡镇政府改革将不再是简单的机构和人员精简，而是调整和转变政府职能，并全面推行目标考核。首先，要清晰界定乡镇政府职能。应由乡镇政府承担的职责，乡镇政府要有足够的人员和财力保证；不应由乡镇政府承担的职责，要么交由上级政府部门承担，要么交由市场调节。其次，要全面推行目标考核。要参照企业管理方法，对乡镇政府承担事项实行目标考核，提高政府运行效率。

四、农村调查研究内容的新变化

鉴于农村事务多元化、多样化、涉农事务主体及其诉求多元化和农村治理方式多样化，农村调查研究内容也会出现新变化。根据内容属性，可将其分为两类：一类为改革类问题，另一类为发展类问题。

（一）改革类问题

改革类问题，包括农村经济与社会各领域的改革问题。改革总体目标是要建立一整套确保农村经济与社会长期稳定、协调发展的体制与机制。具体讲，要实现如下五个分目标：一是农村各类资产产权清晰；二是资产产权可流转、可变现；三是良性的国家、集体和个人的权益与义务关系；四是农村自然生态环境优良；五是农村社会良性治理。根据当前农村改革进程状况，以下改革类问题，将是今后相当长一段时期内的重点和热点。

1. 农村产权制度改革问题

农村产权制度改革要实现三个目标：一是产权清晰；二是产权可流转、可变现；三是处理好国家、集体和个人的权益与义务关系。相应地，农村产权制度改革应包括三方面内容，即农村不动产（主要指土地和房屋）权属登记、流转以及集体资产经营管理制度改革。

（1）农村土地与房屋权属登记。主要包括集体土地所有权确权登记颁证、土地承包经营权确权登记颁证、集体建设用地使用权确权登记颁证、农民宅基地使用权确权登记颁证和农村房屋所有权确权登记颁证。目前，我国政府已全面启动农村土地与房屋初始权属确权登记颁证工作，预计到 2020 年左右可基本完成这项工作。

（2）农村土地与房屋权属流转。主要包括土地承包经营权流转、集体建设用地使用权流转、农民宅基地使用权流转、农村房屋使用权流转及买卖等。目前，各项权属流转范围和程度差异很大。比如，土地承包经营权已可转包、转让、出租和入股，但还不可以抵押、担保和继承；集体建设用地使用权出让、出租、转让、转租、抵押等只在部分地区得以施行，大部分地区还没有启动；全国范围内，农民宅基地仍然实行一户一宅、免费使用和不得流转、买卖等规定；全国范围内，农民房屋也不得买卖、抵押。今后，农村土地与房屋权属流转研究内容将向以下四个方面拓展。一是拓展土地与房屋权属流转权能。比如，允许土地承包经营权抵押、担保和继承；实行农村宅基地有偿使用，允许宅基地使用权流转和农民房屋买卖。二是扩大土地与房屋权属流转范围。比如，全国统一实行农村集体建设用地使用权流转。三是农村土地与房屋权属价值评估。比如，土地承包经营权价值评估、农民房屋价值评估等。四是农村土地与房屋权属流转管理与影响评估。

（3）农村集体资产经营管理制度改革。重点是要研究三个问题，一是集体经济组织成员资格界定问题。具备何种条件才能获得集体经济组织成员资格？这种资格是有偿的还是无偿的？二是集体资产股权结构问题。集体资产是全部量化到人，还是设置部分集体股。三是集体资产保值增值问题。

2.农村集体经济组织改革问题

农村集体经济组织改革问题，主要包括两个方面，即集体经济组织定位与治理。所谓定位，是指集体经济组织获得何种法人地位。所谓治理，是指集体经济组织内部运行管理机制，比如，是实行一人一票还是一股一票？集体经济组织领导人薪酬如何决定、集体收益如何分配等。

3.农村集体土地与房屋征收制度改革问题

现行征地制度严重损害农民集体利益，有必要对其做出重大调整和改革。农村集体土地征收制度改革，主要是指依据征地用途，将征地区分为公益性用地和经营性用地。公益性用地仍然采用由政府强制征收办法，政府按与市场价大体相当的价格支付征收地价。政府强制征收的根本特征不是低价，而是强制。经营性用地由市场调节，允许农村集体经营性建设用地直接入市，与国有土地“同地、同权、同价”。参照城镇房屋征收办法和标准，农村房屋征收也要依据房屋市场价格决定征收价格，至少不能低于其重置或重建价值。需要研究的具体问题包括如下几个方面：一是如何清晰界定公益性用途与经营性用途；二是如何加强土地用途管制，防止农村集体经营性建设用地入市带来的冲击；三是如何完善征地程序，确保征地信息公开、透明。

4.农村自然生态资源有偿使用与补偿问题

农村自然生态资源有偿使用与补偿，主要指连片的水源、森林、草原等生态保护区，为落实环境保护政策，因不能开发利用资源和发展二、三产业而失去发展权利，资源受益区需要为此向生态保护区支付补偿。这里，需要研究的问题包括：如何合理划定保护区范围；如何确定合理的保护水平和补偿价格，使受益者付得起，保护者愿意保护。

5.农村税费制度改革问题

全面免征农业税，农民从事农业生产不仅不需要缴税费，而且还可从政府获得各种农业补贴，比如粮种补贴、种粮直补、农资综合补贴和农机购置补贴等。由于农业的特殊性，免征农业税和对农业进行补贴是很有必要的。今后，随着农村经济不断发展，农民从事二、三产业经营的收入和财产性收入会不断增长，获得较高非农收入的农民需要根据税法规定缴纳税费，农民缴纳的税费作为地方税种，由地方政府按相关规定列支。这里重点要关注如下两个问题：一是农民集体经济组织缴纳税费问题，二是农民个人缴纳税费问题。

6.农村社区治理制度改革问题

与传统的村民自治不同，农村社区治理范围更大、更具包容性。农村社区治理制度改革，需要研究如下五个方面问题：一是新型农村社区与村组传统组织的关系；二是农村社区自治方式创新问题；三是农村社区组织与上级政府的关系；四是社区自制规则与政府政策、法律的关系；五是社区选举制度创新。

7.基层政府改革问题

与过去基层政府简单的撤并机构和裁减人员不同，今后基层政府改革的根本目标是要提高政府运作效率，在政府与非政府组织间建立起良好的合作关系。为此，需要研究如下几个问题。一是基层政府职能定位，即明确哪些职能该由基层政府承担，哪些职能由上级政府承担。二是如何转变政府职能，改变政府运作方式。三是实行目标考核责任制，对政府机构及行政职员实行考核。四是加强政府与其他非政府组织合作，形成合作共赢关系。五是基层政府领导人民主选举。

（二）发展类问题

1.农业产业发展问题

农业产业发展问题，至少要包括五个方面。

（1）口粮安全。口粮安全，包括数量安全与质量安全。今后，口粮安全问题会越来越受到重视，主要有四个原因：一是口粮是人生存最基本的保证；二是我国人多地少矛盾会长期存在；三是口粮生产比较效益低；四是口粮作物与非口粮作物争地的矛盾会越来越突出。关注口粮安全，既要关注耕地资源保护研究，也要关注口粮生产比较收益研究，还要关注口粮生产区域化与集中化研究。在耕地资源保护方面，重点是要提高耕地质量，比如建设高标准农田、实行休耕与轮作制度等。在提高口粮比较效益方面，可以对口粮生产实行高额补贴，比如提高口粮生产直接补贴，或者对流转用于口粮生产的农地进行流转费用补贴等。在口粮生产区域化与集中化方面，主要是划定口粮生产优势区域，对这些区域实行高强度补贴和重点扶持。

（2）农产品质量安全。农产品质量安全，既关系到国内城乡居民食品安全，也关系到农产品国际竞争力。除了继续推行无公害农产品、绿色农产品、有机农产品和地理标致产品等行动计划外，要将全国范围内所有农产品都纳入政府监管，让农产品生产经营者树立起质量安全意识。重点是要研究农产品质量安全标准、农产品质量安全监管体系建设和农产品质量安全目标考核等问题。

(3)农业支持保护与补贴。从世界发达国家经验看，农业发展需要政府的保护性支持，保护性支持包括财政、金融、保险等措施。在遵守 WTO 规则前提下，农业支持保护与补贴的研究重点集中在如下几个方面：一是农业支持保护与补贴的总额及结构分析；二是农业支持保护与补贴的范围、方式、方法及效果评估；三是农业支持保护补贴与农业效率的关系分析；四是农业支持保护补贴对收入分配的影响分析等。

(4)农业可持续发展。农业可持续发展是个永恒的主题，农业自身资源再生能力、投入品安全、生产过程中排泄物处理与利用等都是需要高度关注的问题。

(5)农业景观与休闲功能拓展。除生产功能外，农业的景观与休闲功能会越来越显著。农业发展有必要实行生产功能与景观、休闲功能有机结合，做到既充分挖掘农业资源潜力，也确保农业可持续协调发展。拓展农业景观与休闲功能，需要对已有的法规、政策做出大调整，比如农业用地政策、财政支持政策、税收政策等。

2. 农村公共公益事业发展问题

今后，农村公共公益事业发展会呈现国家、集体、农民个人和其他法人组织共建、共管新局面，重点要做好如下几个方面的研究：一是政府公共财政支持范围、总额及结构分析；二是政府公共财政资金使用效率分析；三是农村公共公益事业建、管等利益相关方关系及治理研究。

3. 农村社会保障事业发展问题

农村社会保障事业，主要包括农村养老保险、医疗保险、最低生活保障和扶贫等四个方面。随着新农合和新农保的普及以及最低生活保障标准的提高，农村社会保障支出数额会越来越大。农村社会保障事业发展问题研究主要包括如下几个方面：一是农村社会保障资金的筹集、分配与管理；二是农村社会保障资金使用效率评估；三是农村社会保障对农业发展和农民生活质量、寿命的影响等。

4. 农村基层组织发展问题

农村基层组织发展问题，包括政府组织发展和非政府组织发展。政府组织发展，主要指县乡两级政府组织发展；非政府组织发展，主要指农村村民自治组织和民间组织发展。农村基层组织发展，重点研究的问题应当包括如下几个方面：一是现有政府组织的转型与再造；二是非政府组织的培育；三是政府组织与非政府组织的关系。

5. 农民权利与权益保护

农民权利与权益保护，主要指农民财产权益与政治权利保护。随着社会的发展与进步，农民权利保护与权益保护意识会更加强烈。在农民权利与权益保护研究方面，应重点研究如下几个问题：一是农民土地承包经营权、宅基地使用权和房屋所有权权利的保护与实现形式；二是农民参与村民自治、合作社事务中的权益保护与实现方式；三是农民权利保护与农村社会稳定的关系等。

6. 资源保护与开发利用

资源保护与开发利用，主要指土地、水、草原、森林等自然资源和农业社会文化遗产的保护与开发利用。在土地资源保护与开发利用方面，重点是要研究耕地资源保护和提高建设用地利用效率。在水资源保护与开发利用方面，重点是要研究水资源污染防控、不同地区间水资源有效调度以及水资源跨地区有偿使用。在草原与森林资源保护与开发利用方面，重点是要研究这些资源的合理开发与保护，比如草畜平衡、草原禁牧与休牧等。在农业社会文化遗产保护与开发利用方面，重点是要研究传统特色村落、传统手工艺以及传统文化的保护与开发。

五、农村调查研究方法的新变化

（一）更多新学科、新方法会被引入农村调查研究

自 20 世纪 80 年代初开始，我国启动城乡经济体制改革和对外开放，随着改革进程的推进和改革成效的显现，经济学逐渐成为显学，经济学方法被广泛应用于农村调查研究。与此同时，社会学方法和政治学方法也被应用于农村调查研究。比如，费孝通教授于 1981—2002 年间先后 24 次到江村进行系列调查，他主要采用社会学调查方法，调查成果在国内外产生了很大影响。再比如，自 20 世纪 80 年代中期实行村民自治以来，有关村民自治的很多研究成果都采用了政治学研究方法。今后，随着农村经济社会发展的不断演进，除经济学、社会学和政治学研究方法外，法学、管理学、历史学、宗教学等学科研究方法将会广泛应用于农村调查研究。

关于法学方法的应用。法学方法在农村调查研究中的应用，主要受农村法治

进程影响。随着法治进程不断推进，农村事务将逐渐由政策调节为主转变为法律、法规调节为主，农村事务参与主体将越来越重视利用法律、法规维护其经济政治权益。与政策不同，法律、法规最大的特点在于其普适性、强制性，它可减少人为因素的干扰。法学方法应用于农村调查研究，不仅有利于提高农村法治水平，还有利于提高政策制订水平，改善政策执行效果。

关于管理学方法的应用。管理学方法在农村调查研究中的应用，主要受基层政府改革、新型农业经营主体培育、农村事务参与主体多元化和农民社会保障发展程度影响。基层政府改革需要借助管理学方法改善政府运作效率，借助新公共管理理念引进非政府组织参与政府事务管理；新型农业经营主体需要借助管理学方法管理雇佣农业工人，借助管理学方法处理雇佣工人社会保险事务；非政府组织需要借助管理学方法改善自身管理水平，借助管理学方法协调好与政府部门的关系。

关于历史学方法的应用。历史学研究方法在农村调查研究中的应用，主要受农村经济社会发展面临矛盾和问题的复杂程度影响。面临的矛盾和问题越复杂，就越需要了解和剖析事务发展的脉络，越需要了解事务的过去和现状，并依据合理的逻辑对未来做出判断。此外，运用历史学研究方法，还有利于吸取历史经验与教训，避免重走过去走过的弯路。

关于宗教学方法的应用。宗教学研究方法在农村调查研究中的应用，主要受农村居民宗教信仰程度影响。随着生活水平的改善，农村居民开始追求精神层面的需求，传统的宗教信仰无疑会成为一个选项。无论是政府还是宗教组织，都需要借助宗教学研究方法研究政府与宗教的关系，研究如何管理、培训和引导宗教徒。

关于教育学方法的应用。随着农村居民生活水平和文化程度的不断提高，农村居民会越来越重视教育，幼儿教育、义务教育、职业教育、高等教育、特殊教育、心理分析等领域的先进理念、先进方法都会在农村地区获得广泛推广和应用。

（二）农村调查研究方法出现新变化

1. 直接参与经济社会实验

过去，农村经济社会调查以事后调查为主。今后，农村经济社会调查将出现事后调查和事中跟踪并存局面。所谓事中跟踪，就是调查人员直接参与经济社会实验，从中获取调研数据。比如，从事农产品成本收益研究时，调查研究人员直接或者与农技推广人员共同参与样本农户生产资料投入及生产经营全过程，以获取研究数据；从事村民自治问题研究时，调查研究人员直接参与某村某个事项村民自治过程，观察其中的现象，分析其中的问题。

2. 更多时间会用于查看数据与阅读文字资料

在过去相当长一段时间内，农村实地调查主要以访问为主，即由调查人员询问调查对象，调查对象根据记忆回答相关问题。随着政府与非政府组织管理规范化和新型农业经营主体数量不断增长，今后农村实地调查方法会发生改变。政府与非政府组织管理规范化后，这些机构和组织对做过的工作会保留大量数据和文字资料，调查研究人员可通过直接阅读相关档案资料，收集相关信息。比如，收集农户家庭承包耕地面积数据时，可以直接查阅土地承包经营权证书。新型农业经营主体从事农业生产经营，会进行成本收益核算，他们对投入品种类、数量、价格以及出售产品数量、价格、收入等信息会有详细记录，调查人员可直接查阅这些数据资料。

3. 调查农户需要给予误工补贴

过去，我们调查访问农户一般都是无偿的。今后，随着农民时间成本和机会成本意识的增强，调查农户需要适当给予误工补贴。

4. 研究人员与调查对象长期互动

过去，农村调查研究多以"一事一议"方式进行，即研究人员与调查对象只有在调查过程中有互动，调查结束后二者不再来往。今后，这种方式会发生改变，研究人员会与某些调查对象保持长期固定联系和交流，便于长期跟踪研究。

5. 量化分析方法更复杂、更完善

随着现代计量分析方法的兴起和农村调查研究人员量化分析能力与水平的提高，量化分析引用的计量模型和数学推导会更加复杂，更加精准。

6. 定性分析方法变得更加重要

随着社会科学研究水平的提高，在量化分析获得普遍应用的同时，定性分析方法变得更加重要。在分析和对比大量史料和现实调研资料基础上，需要借助抽象思维高度概括经济社会发展的一般规律，只有这样才能避免重复劳动，实现理论创新。

附录 1

全国农村改革试验区名单及其承担的改革试验主题

截至 1997 年 7 月，经国务院批准，共在 21 个省市区建立了 30 个农村改革试验区，涉及 160 个县级单位、8 120 万人口。30 个农村改革试验区分别为：

1. 北京市顺义县（土地适度规模经营）
2. 河北省玉田县（农村基层经济组织与服务体系建设）
3. 河北省石家庄市郊区（城郊经济综合改革）
4. 内蒙古自治区镶黄旗（牧区体制改革）
5. 辽宁省大连市金州区、普兰店市、甘井子区（乡镇企业出口创汇集团建设）
6. 黑龙江省尚志市（农民专业合作组织建设）
7. 黑龙江省苇河林业局（林业体制改革）
8. 陕西省延安市（扶贫综合开发改革）
9. 陕西省礼泉县（农村基层组织建设、农业商品基地建设）
10. 山东省平度市（农村土地制度建设、贸工农一体化）
11. 山东省淄博市周村区（乡镇企业制度和小城镇建设）
12. 江苏省锡山市、吴县市、常熟县、武进县（农村现代化试验）
13. 浙江省温州市（乡镇企业制度和小城镇建设）
14. 安徽省阜阳市（乡镇企业制度、农村税费制度改革）
15. 福建省三明市（集体林区体制改革）
16. 福建省宁德地区（开放促开发扶贫综合改革）
17. 河南省新乡市（粮食购销体制改革）
18. 河南省商丘地区（农村流通体制改革）
19. 湖南省怀化地区（山区综合开发与改革）
20. 广东省南海市（土地适度规模经营、农产品出口基地建设）
21. 广东省清远市（扶贫综合开发）
22. 广西壮族自治区玉林市（粮食购销体制改革、农村供销社改革）
23. 广西壮族自治区北海市（异地扶贫开发）
24. 四川省广汉市（农村金融体制改革）

25. 贵州省湄潭县(农村土地制度建设、税费制度改革)
26. 贵州省毕节地区(开发扶贫与农业生态建设)
27. 江西省鄱阳湖区(湖区资源产业化开发综合改革)
28. 云南省18生物资源产业化开发(生物资源产业化开发综合改革)
29. 河北省黄骅市、湖北省汉川市和广东省汕尾市城区(渔业体制改革)
30. 黑龙江省绥滨农场、海南省东方华侨农场(国有农场体制改革)

资料来源于《认识与实践的对话》,农业部农村改革试验区办公室编著,中国农业出版社,1997年;(　)中为该试验区承担的改革试验主题。

附录 2

著者代表性论著

一、专著

1. 廖洪乐著:《农民市民化与制度变革》(29 万字),上海远东出版社,2013 年。

2. 廖洪乐著:《中国农村土地制度六十年——回顾与展望》(18.9 万字),中国财经经济出版社,2008 年。

3. 廖洪乐、习银生、张照新等著:《中国农村土地承包制度研究》(44.2 万字),中国财经经济出版社,2003 年。

二、学术论文

1. 廖洪乐:"农户兼业及其对农地承包经营权流转的影响",《管理世界》2012 年第 5 期,第 62-70 页转 87 页。

2. 廖洪乐:"乡镇政府职能存废及取向评估:自湖北个案观察",《改革》2009 年第 1 期,第 117-122 页。

3. 廖洪乐:"我国农村土地集体所有制的稳定与完善",《管理世界》2007 年第 11 期,第 63-70 页。

4. 廖洪乐:"农村集体土地征用中的增值收益分配",《农业经济问题》2007 年第 11 期,第 8-12 页。

5. 廖洪乐:"中国南方稻作区农户水稻生产函数估计",《中国农村经济》2005 年第 6 期,第 11-18 页。

6. 廖洪乐:"农村承包地调整",《中国农村观察》2003 年第 1 期,第 46-54 页。

7. 宋洪远、廖洪乐:"关于西藏产业结构调整与经济发展战略问题的思考",《管理世界》2003 年第 1 期,第 104-114 页。

8. 廖洪乐:"农户的调地意愿及影响因素分析",《农业经济问题》2002 年第 9 期,第 6-10 页。

9.宋洪远、廖洪乐:“农业发展新阶段与战略性结构调整”,《管理世界》2001 年第 6 期,第 115-122 页。

10.廖洪乐:“农村改革试验区的土地制度建设试验”,《管理世界》1998 年第 2 期,第 154-163 页。

11.廖洪乐、李小云:“粮食价格对农户粮食生产影响的实证分析”,《中国农村经济》1995 年第 9 期,第 29-34 页。

致　谢

从事农村调查研究20多年，要感谢的机构很多，这里要特别致谢原农村改革试验区系统和农村固定观察点系统，这两个系统为我的调查研究提供了很多方便和帮助。要感谢的人也很多，这里不一一列举。不过，有4个人不得不提及，他们是杜鹰、温铁军、马力和柯炳生。有幸与他们共事，是我的福气。

1995年，我从中国农业大学（原北京农业大学）经济管理学院研究生毕业。在向农业部农研中心寄投简历后，温铁军是第一个面试我的人。当时，在北京西黄城根南街九号院一栋L形三层小楼三层的一间南向的狭小屋子里，他问了我一些问题，具体问了哪些问题也记不清了，但有一个情景至今仍深深地存留在我脑海。当告诉他我做硕士论文到湖南汉寿和宁乡两县两村的农民家里住了一个多月后，他立马两眼发光，详细询问了实地调查和论文进展情况，并希望硕士论文出来后一定送他一本。这次面试后再过了一段时间，温铁军带我到砖塔胡同56号院的一间办公室里见了杜鹰。再后来，我顺利进入九号院这栋L形三层小楼里的农村改革试验区办公室（当时内设调研、培训、监测和综合等四个处）工作，温铁军成了我的顶头上司。他的官方职务是处长，但试验办内部都尊称他为副主任。他是一个非常注重实地调查特别是基层实地调查的官员和学者，每年都要花很多时间下到农村基层去调研、去讲学、去指导农村改革试验区工作；他是一个善于表达自己学术观点和敢于发表不同学术意见的学者。在他成名后，媒体戏称他为“用脚做学问”的学者和民间意见领袖，也正是基于上述两个特质。

杜鹰时任农村改革试验区办公室主任，外表看上去有点严肃，但也有活泼可爱的一面。工作时严肃认真，闲暇时也常常讲点好玩、可乐之事，让大家放松一下。杜鹰主任有3项特质深深烙在我脑海。一是强烈的改革意识。最有说服力的莫过于他的“改革试验突破论”。有一天，我们几个同事在九号院试验办会议室开会，讨论如何进一步推进农村改革事项，期间他跟我们打了一个非常形象的比喻，我至今还记得很清楚。他说改革试验好比驾驶员开车，你要压着黄线走，那才是真正的改革试验。在黄线以内走，你跟别人没有区别，改革试验起不到探索和投石问路的作用;你越过黄线,就是逆行,会发生重大事故,改革试验就会变样,就会出问题。因此,改革试验是既要压着黄线走,又不能越过黄线。二是淡泊名利。以他主持的《进一步改革和完善农村土地制度》课题为例,所有经费支出均由我经办,全部用于与调查研究有关事项,他自己没多拿、没多留一分钱。课题研究成果结集出书,按照惯例,作为课题实际主持人,他理所当然是该书第一著者,但他多次明确表示他不需要这个,建议我将农研中心几位做出较大贡献的年轻人共同列为著作者,这对年轻人有用。就这样,我和其他两位同事(张照新、刁银生)就成了该书的三个主要著者。三是有很强的驾驭全局的能力。在他的直接领导下,全国农村改革试验区系统的改革试验工作开展得红红火火、有形有色,很多改革试验成果都已转化成中央决策。比如,土地适度规模经营试验、"增人不增地、减人不减地"试验、农业税费改革试验、粮食购销体制改革试验、股份合作制改革试验等。最近两三年,理论界、学术界和决策界非常关注的农地"三权分置"问题,其实早在 20 世纪 90 年代广东南海试验区就进行了改革探索,且效果不错,只不过当时不叫"三权分置",而叫"三权分离",即先实行农地所有权与承包权分离,再实行承包权与实际使用权分离。如果说人生总有贵人助的话,杜鹰主任就是我研究生涯中遇到的难得的贵人,他那严谨的态度、严密的逻辑、实事求是的作风和高超的文字把控能力深深感染了我、影响着我、激励着我。在试验办工作期间,有很多机会看他的改稿。记得有好几次看了改稿后,内心不由得感叹水平真高!有时候只要改掉几个字就能改变原文意思,或者站上一个新高度,让我真正体会到了什么是豁然开朗,什么叫醍醐灌顶……

马力时任试验办培训处处长,我们内部都尊称她为主任助理,试验办大大小小的工作会、研讨会和日常联络工作多由她出面组织协调。她性格开朗,待人接物经验老到。我和我的几个同事曾经私下议论说,北京城里的人,马力认识一半有余。尽管有点夸张,但也不太过分。她身上有不同于常人的精、气、神,走起路来风风火火,她才上到二楼,我们在三楼办公室就知道马力来了;做起事来干脆利索,有什么事赶快落实,从不拖泥带水;遇到困难迎难而上,从不畏缩。她的言行非常直观地告诉我什么是执行力。

柯炳生教授是我上研究生时候的老师,他教授我们《农产品市场分析原理》课程。后来,他调任农业部农村经济研究中心主任,成了我的领导和同事。由于关注领域不同,我们研究工作交集不多。不过,也有三件事让我印象深刻,不得不提。第一件事是,他调任农研中心主任后不久以校友身份找我交流,话间他问及假设我是农研中心主任该如何开展工作。我以我所知谈了三点想法,他非常认同。这种不耻下问的态度,足以说明他想做好领导工作的急切心情。第二件事是,在任期内,他巧妙地疏通和理顺了农研中心与农业部有关司局关系。从此,农业部相关司局对农研中心的项目和经费支持持续增长。第三件事是,他采用"分包式"课题组织管理方式调动了有关科研人员积极性。从他身上,我认识到作为单位一把手应有担当精神和奉献意识。

特别致谢这四个人,不是因为他们现在功成名就,而是因为他们的言行举止曾经或多或少对我的人生观、价值观产生了正面影响,并直接影响到我后来为人处事的方式、做研究的方法和面对困境的态度,他们是我内心崇敬的标杆。套用一句现在的流行语讲,他们传递给了我正能量。

最后,要感谢中国经济改革研究基金会,自 2006 年以来我多次中标过该基金会资助的研究项目,本书出版补助经费也是从该基金会 2015 年资助项目剩余经费中列支的。

廖洪乐

2018 年 4 月